Unmissable
Maijishan Grottoes

不可错过的麦积山

臧全红 项一峰 著

江苏凤凰美术出版社

图书在版编目（CIP）数据

不可错过的麦积山 / 臧全红，项一峰著. -- 南京 : 江苏凤凰美术出版社，2023.3（2025.5重印）
ISBN 978-7-5741-0575-1

Ⅰ. ①不… Ⅱ. ①臧… ②项… Ⅲ. ①麦积山石窟-介绍 Ⅳ. ①K879.24

中国国家版本馆CIP数据核字（2023）第015451号

选题策划　毛晓剑
项目统筹　郭　渊
责任编辑　郭　渊
　　　　　刘秋文
特邀审读　叶爱国
责任校对　孟一凡
责任监印　生　嫄
责任设计编辑　陆鸿雁

书　　名　不可错过的麦积山
著　　者　臧全红　项一峰
出版发行　江苏凤凰美术出版社（南京市湖南路1号　邮编：210009）
制　　版　南京新华丰制版有限公司
印　　刷　南京爱德印刷有限公司
开　　本　787mm × 1092mm　1/32
印　　张　9.5
字　　数　153千
版　　次　2023年3月第1版
印　　次　2025年5月第3次印刷
标准书号　ISBN 978-7-5741-0575-1
定　　价　98.00元

营销部电话　025-68155675　营销部地址　南京市湖南路1号

目录

向往佛国的山

为什么会在麦积山建造石窟？

麦积山所在地天水，古称秦州，是丝绸之路上的重镇，具有十分重要的交通地理优势（图 1）。丝绸之路东段南道就是从今陕西西安出发，渡渭水到咸阳西行，经凤翔、陇县，进入甘肃秦安到达天水；或从陕西宝鸡沿渭河峡谷西行直接到达天水，然后再经由甘谷、武山、陇西抵达临洮到兰州，最终进入河西走廊。另外，从天水南行经甘肃礼县、西和、徽县，至陕西略阳，再从广元南向成都，是从西北进入西南的重要通道。佛教通过丝路传播，西下东上，南来北往，天水是重要路径。天水很早就有佛教传入，据《释迦方志·游履篇》记述："后汉献帝建元十年（198 年），秦州刺史遣

图 1　麦积山石窟

成光子，从乌鼠山度铁桥而入，穷于达嚫。旋归之日，还践前途。自出别传。”这是天水地区有关佛教的最早信息。公元198年，地方官员曾遣人去西域取经，也说明天水地区佛教在此之前已传入，并产生了一定的影响，信仰者当时已有了解佛教方面的需求，或说信仰的需求，开始西行求法；同时，也有西域僧人通过丝绸之路向东弘传佛法。东晋十六国时期是中国佛教逐渐发展并兴起的历史阶段，来华的印度、西域僧人大增，如竺法护、佛图澄、鸠摩罗什等。汉土往西域、印度取经亦成风气，如高僧法显、慧常、康法朗等。佛法自印度经西域在内地广为传播，西晋时著名高僧竺法护曾在天水译《普曜经》。十六国中的后赵、前秦、后秦、后凉、南凉、西秦等国都信仰佛教，天水先后被后赵、前秦、后秦、前凉、北凉等国统治，它们都护持佛教，利用佛教企图巩固自己的政权和统治民众。尤其是后赵、前秦、后秦、北凉，崇佛更为突出。据《高僧传》卷九记：“单道开，姓孟，敦煌人。……以石虎建武十二年，从西平来，一日行七百里。至南安度一童子为沙弥，年十四，禀受教法，行能及开。时太史奏虎云：有仙人星现，当有高士入境。虎普敕州郡，有异人令启闻。其年冬十一月，秦州刺史上表送开。”由此可知敦煌的僧人单道开，在后赵石虎建武十二年（346年）从西来内地传法，从西平（今青海西宁）至南安度一名14岁的童子为沙弥，并传之以法。南安本属秦州管辖，秦州刺史根据石虎的旨意，对单道开不敢怠慢，上书并送他到邺城，说明秦州在后赵时佛教已有较好的基础环境。前秦、后秦的国都皆在长安，而且前秦苻氏和后秦姚氏都发迹于陇右秦州，并以秦州为活动基地。在他们对佛教崇信和护持的影响下，天水佛教已达一定规模。

佛教传入中国是经像并传。中国实物资料，如：四川东汉墓发现有佛像、摇钱树座；湖北等地有佛像的铜镜；青海平安县（今平安区）出土的菩萨像画像砖；陕西咸阳渭城区北社街道成任村东汉墓出土两件铜佛像。说明佛教弘法像教是重要的途径之一。

十六国时期，河西走廊已有北凉开凿敦煌石窟，西夏有凉州石窟。天水佛教因为外因内缘的促使和弘传佛教的需要，建立一所佛教道场，开凿石窟造像，供僧人们学佛禅修，弘法利生，信徒们瞻仰礼拜、供养祈福成为必然。

麦积山又名麦积崖，位于天水市东南距市区 45 公里处秦岭山脉西段北麓，地貌独特，基岩中夹有薄层砂岩及含泥砾岩，断崖裸露于外，呈砖红色。山顶棱锥形，林木覆盖，丹崖畔古松倒挂。《太平广记》卷三百九十七引《玉堂闲话》云："麦积山者，北跨清渭，南渐两当，五百里冈峦，麦积处其半。崛起一石块，高百万寻，望之团团，如民间积麦之状，故有此名。其青云之半，峭壁之间，镌石成佛，万龛千室，虽自人力，疑其鬼功。”山形酷似农家积麦之状。周围群峰环抱，麦积居中，一峰独秀，奇特别致。又麦积山峭壁上方凸出似檐，自然较好地解决了陇山多雨水和山顶流下来的雨水落入下方崖面窟龛的问题，是一处理想的开窟造像之地。再加上麦积山地处南北分水岭之北侧，南方秀丽妩媚和北方雄浑豪壮的自然景色兼而有之的南北过渡地带

图 2　麦积烟雨

图 3 《直隶秦州新志》中的《麦积烟雨》图

的地理环境特点，无疑为其增加了不少灵动之气，被誉为“秦地林泉之冠”。“麦积烟雨”作为“秦州八景”之一，一直被人们津津乐道（图 2），是僧人们生活和禅修弘法的理想场所。因此，作为陇上名山的麦积山，优美的自然环境、便利的交通条件和天然自成更适合开凿窟龛的山体，乃至丰富的森林资源等，都是天水建立佛教场所开窟造像、禅修弘法的最佳地（图 3）。

麦积山石窟是谁开凿的?

麦积山石窟，据北周庾信《秦州天水郡麦积崖佛龛铭并序》记载：“麦积崖者，乃陇坻之名山，河西之灵岳，高峰寻云，深谷无量。方之鹫岛，迹遁三禅；譬彼鹤鸟，虚飞六甲。鸟道乍穷，羊肠或断。云如鹏翼，忽已垂天。树若桂华，翻能拂日。是以飞锡遥来，度杯远至；疏山凿洞，郁为净土。拜灯王于石室，乃假驭风；礼花首于山龛，方资控鹤。”最早是来自东晋的神僧度杯（也名杯度）在麦积山开凿石窟造像，继有后秦姚嵩为皇兄姚兴开窟造像，现一般认为是第 74、78 窟，及南燕主安都侯慕容超之妻呼延氏开窟造像，即第 76 窟。北魏有武□镇将王胜，督左骁骧将军天水太守王宗，督假伏波将军及比丘才嶷、颜集，比丘尼洪静等供养造像，即第 120 窟（图 4）。大魏沙弥法生（有认为是在龙门石窟造像的比丘法生）造像。唯大代景明三年上邽镇司张元伯为菩萨造石室一区，即第 115 窟。李道生家族供养造像，即第 159 窟（图 5）。仇池镇经生王□□、杨□□及清信士等重修塑像壁画。西魏文皇后乙弗氏在麦积山出家为尼，死后葬于麦积山，即第 43 窟。北周大都督李允信，奉为王父造七佛龛，即第 4 窟。后代重修此窟题记有：“麦

图 4　第 120 窟供养人榜题

图 5　第 159 窟正壁右下方供养人

积大戒比丘僧慧莲领上下众姓人等，虔诚发心修贴妆彩菩萨金像，众姓信女会首惠琇张氏、男阮尚策陈氏、孙男阮永宁一家等，恩荣寿、程绍舜郭氏、男程世俊卜氏、幼男程长寿、陈七十一家等，阮仕爱王氏、男阮相、阮练、阮四、阮六一家等，吴本亮阮氏、男吴小弟、孙男吴不上礼，阮秦于氏、男阮尚任高氏、幼男寿哥一家等，阮门席氏、男阮侪家保、阮罗汉保，吴门张氏、孙男大经保、阮门□氏、男阮尚文周氏，萧应诏刘氏、阮连高氏、男阮尚增、侯光道张氏 、□□张氏、男阮尚文高氏、阮仕安尹氏。”（图 6）因麦积山洞窟内泥皮风化剥落严重，原供养造像题记遗失或模糊难辨，使我们无法全面掌握和了解功德主的情况，但就现存一些题记来看，上述部分开窟造像的供养功德主，既有皇家、官员，也有普通民众，还有比丘、比丘尼。其中有经济实力的个人或家族供养开窟造像，无经济实力的众人集资开窟造像。从石窟中塑像、壁画供养人特征来看，他们的着装为北方不同少数民族服饰和汉族服饰。总之，麦积山石窟开窟造像或重修的供养功德主，应该主要是多民族普通信仰民众。

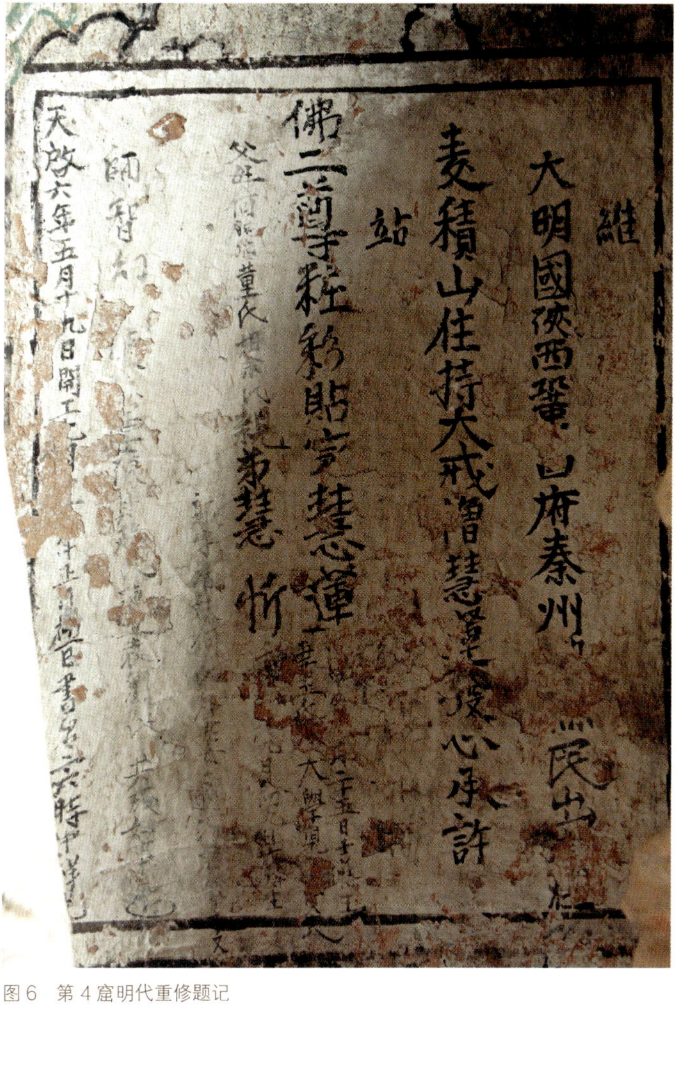

图 6　第 4 窟明代重修题记

麦积山石窟为什么被称为“东方雕塑陈列馆”？

20世纪50年代，中央文化部组织的麦积山勘察团对麦积山石窟进行了大规模的考察，参与者多为从事美术的人员，如吴作人、王朝闻、常任侠、罗工柳等，从而引起了关于麦积山石窟艺术研究的高潮。雕塑家刘开渠在其《中国古代雕塑的杰出作品》中写道：“麦积山则是我国历代的一个大雕塑馆。”后被誉为“东方雕塑陈列馆”。

麦积山石窟现存自东晋十六国的后秦，经北魏、西魏、北周、隋、唐、五代、宋、元、明、清10多个朝代开凿的洞窟221个，各类造像3938件、10632身，壁画1000余平方米，北朝大型崖阁8座，它是研究我国古代政治、经济、文化、宗教、艺术，乃至社会民众生活等难得的、宝贵的实物资料。这些造像中，虽然有泥塑、石雕及个别的木雕，但主要以泥塑为主。这不同于中国其他石窟，如云冈、龙门及四川、重庆诸石窟等以石雕著称，敦煌石窟以壁画著名。且其他石窟造像主要集中在历史中的某一时间段，即使也有少部分石窟存在保留了数个朝代和较长的时间段，但如麦积山石窟自东晋十六国至明清，跨度1600多年，承上启下，从不间断，且以泥塑为主的石窟造像，既系统又完整，体现了多朝代中国佛教泥塑造像艺术的发展演变规律。尤其是造像以北朝为多，其他朝代也不乏精品迭出，达到佛教造像艺术的高度成就的则少之又少。麦积山石窟又因地理位置的优势，造像艺术特点既具有印度传入的秣菟罗和犍陀罗以及笈多佛教造像艺术的特点，也具有东西南北多地多民族喜爱的中国化佛教造像艺术特点，也可说麦积山石窟造像艺术是外来和中国多种佛教造像艺术继承发展演变的重地之一。石窟造像对研究中国雕塑艺术史（美术史）起到了重要的作用，具有重大意义。从造像题材内容来说，也反映了中国佛教不同时期传法教化的情况，以及长安以道安、鸠摩罗什等领导的佛教集团译经弘法对中国佛教的影响，如此等等，是别的石窟有所不及的。因此，将麦积山石窟当作“我国历代的一个大雕塑馆”，或将其誉为“东方雕塑陈列馆”乃实至名归、恰当确切（图 7—图 14）。

图 7　第 78 窟右壁佛　后秦

图 8　第 127 窟左壁龛内胁侍菩萨　北魏

图 9　第 117 窟石雕佛像　北魏

图 10　第 13 窟菩萨（局部）　隋

图 11　第 24 窟弟子和菩萨　隋

图 12　第 14 窟力士　隋

图 13　第 5 窟左龛右胁侍菩萨（局部）　唐

图 14　第 43 窟享堂后壁椅背左上龙女　宋

麦积山石窟洞窟数的变更

1947 年敦煌艺术研究所李浴曾到麦积山石窟，写出了《麦积山石窟调查报告》，共列出了 169 个洞窟。1952 年和 1953 年，西北文化部和中央文化部分别组织了两次麦积山石窟考察团，对所能进入的洞窟做了详细的调查后，编号增加到了 194 个。1998—2002 年，麦积山石窟艺术研究所在以前工作的基础上，又一次对所有洞窟进行了调查，对以前未编号的部分洞窟补充编号，增为 221 个。分布为麦积山主体崖壁的东崖 56 个、西崖 142 个、中区崖下地面原地震塌毁堆积 3 个残窟，及东面梁崖壁的王子洞窟区 20 个。

洞窟和悬空栈道是怎么建成的？

麦积山石窟的洞窟建在数十米高的悬崖峭壁之上，各种大小窟龛和摩崖造像通过纵横交错、上下层叠 14 层的栈道架梯穿梭相连，其间又有多座崖阁，远眺极为壮观，令人叹为观止（图 15、图 16）。麦积山崖壁陡峭，部分崖面为倒倾角，古人正是利用了这种奇特的地貌山形，开凿了洞窟。至于他们具体是如何施工的，其实在中国古代，人们为了解决因绕行而带来的路太远的问题，早有在悬崖峭壁修筑栈道的先例，也积累了一些如从山崖顶部垂绳而下或者搭设木架等经验可以借鉴。由于麦积山山形特殊，如果采用从山顶攀援绳索而下的方式，在倒坡形的崖面，施工人员是无法靠近崖壁施工的。你看，古人也对这个问题感兴趣，《玉堂闲话》中关于麦积山石窟的开凿有这样的一段记述："古记云：六国共修，自平地积薪，至于岩巅，从上镌凿其龛室佛像，功毕，旋旋折薪而下，然后梯空架险而上。"为我们形象地说明了麦积山石窟的开窟技术，并将麦积山石窟位于陇山林海之中，具有天然优越、就地取材的条件联系起来。虽然这种说法值得进一步商榷，但在很长时间内却得到了民众的认可，即流传于当地的口语"砍尽南山柴，修起麦积崖"。在距麦

图 15　麦积山石窟栈道

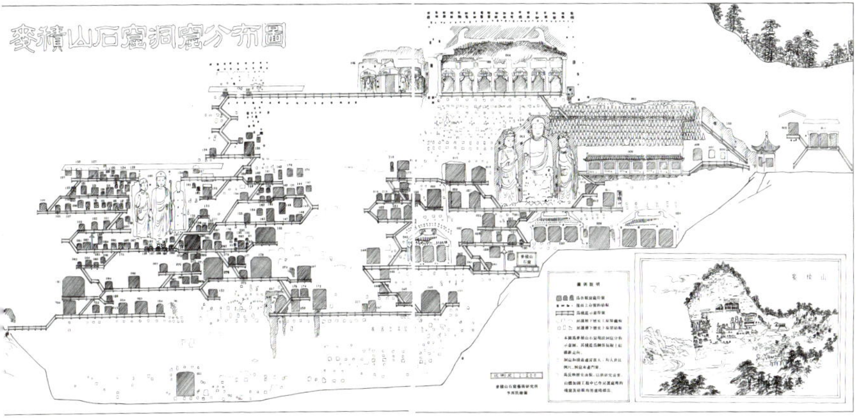

图 16　麦积山石窟洞窟分布图

积山不远的武山拉梢寺石窟，民间也有拉梢寺大佛的建造是将旁侧花果山上的树木砍下在崖前堆积起来，随着工程进度逐层撤掉树木，最终完工的说法，故名拉梢寺。

北周庾信《秦州天水郡麦积崖佛龛铭并序》在记述李允信开凿麦积山石窟位置最高、规模最大的第 4 号窟（上七佛阁）时云：“乃于壁之南崖，梯云凿道，奉为王父造七佛龛。”由此可以推知，应当是先选定崖面位置，然后架梯凿修栈道，再开凿洞窟造像，这应该是最接近事实的记载。

20 世纪 50 年代，吴作人执笔的《麦积山勘察团工作报告》中，对他们当时考察洞窟时，崖面上栈道多塌毁无存（图

图 17　麦积山石窟加固工程前东崖的部分木栈道

17），不能进入，找当地的木工来帮助修复栈道，有这样的描述："架设栈道工程是难以想象的艰险……文得权、王正明、温怀珠等曾经以一根索和一块板，凭着残留木桩或桩眼，攀登到五六十公尺高悬崖上，开辟了飞栈的路线。……架栈之法，先以最下栈孔，插入一木，加塞牢固，然后将板一端，缚于木上，再就板之彼端，更插一木。如此凌空递进，将横梁钉稳，敷板整齐，然后装栏架梯，由低而高，危栈数百尺，因而完成。"这种架栈方法，就是当地流传下来由来已久的操作方法，大致为古法延用，只是他的描述中少了开凿桩眼的过程。从石窟现存洞窟时代来看，最早开凿的几个洞窟在西崖中部，然后围绕展开，所以早期的洞窟比较集中，西崖洞窟也基本如此。当今有学者在研究中综合有关材料，将麦积山石窟栈道架设方法归纳为如下三个步骤：

第一步，先在崖面上凿桩孔，重要部位凿上下两个垂直的桩孔，桩孔方形或长方形，边长一般 0.5 米、深 0.7 米左右。

第二步，根据桩孔大小制作垂直于壁面的长方木桩挑梁，一般长 2 米左右。一端略大，插入桩孔中，打入倒楔固定使其牢固。大多部位是在两个桩孔中插入两根挑梁，使其承担栈道的全部荷载。上下两根挑梁间用较短的撑柱直立或斜撑。挑梁一般外露 1.5 米左右，间距 1—4 米不等。

第三步，每两根平行的挑梁之间铺设栈道板，用铁钉固定。挑梁头立望柱（栏杆），柱下榫头插入梁头之卯口中，用铁件固定。望柱高约 1 米，每两根望柱之间连接栏板。

以上即完成了一层栈道。上下两侧栈道间用斜梯栈道连接，由斜梁、踏步板、栏杆组成，斜度一般在 45° 左右。有了栈道的平台，开窟造像就自然容易而成了。

泥塑是怎样做成的?

麦积山山体为丹霞地貌中的红砂石岩结构，由于夹泥红砂石粗糙酥松，不宜雕刻造像。天水是伏羲故里，是人文始祖伏羲和女娲的诞生地，远古就有女娲捏泥为人的传说。大地湾遗址出土的大量造型独特的陶制器物，说明当地人在新石器时期已经掌握了用泥制作生活资料和艺术品的方法和技艺，而且在不断完善和提高。因此，发展到南北朝时期能塑造出水平如此高的泥塑艺术品，本就有着深厚的历史渊源。石窟现存除少数石雕和木雕造像外，皆是泥塑作品，其中主要为泥塑和石胎泥塑，泥塑中又有圆塑、半圆塑、高浮塑、浅浮塑、薄肉塑和模具塑等。大型的泥塑作品用木质构架，细部或采用竹木签或用铁签，以及土坯筑体，再进行泥塑；

小型塑像完全用泥塑。石胎泥塑，以自然岩石雕刻出胎体，再采用泥塑作为表层来塑像。有些大的塑像，如手臂伸展动作较大的部位也采用木质骨架，并绑扎芦苇等植物秸秆，再在上面敷泥塑造。特别是泥层较厚的部位与石胎衔接牢固，并镶嵌木桩，使泥层与石胎连接。

木骨泥塑制作步骤如下（图 18）：

一、按照洞窟大小、塑像的题材，依粉本确定好塑像的位置尺寸和动态，然后再固定骨架（古人称其为神骨）。一般多用硬而韧性较强的杂木，以榫卯结构来组合，细小部位加方形铁条或竹片（如手部及飘带等）。骨架的牢固程度会直接影响到塑像保存的时长，塑像的动态基本上从骨架开始就已确定，所以，骨架制作是塑像过程中极为重要的第一步。有的大型造像，或采用骨架和泥坯结合来完成。

二、扎谷秆或芦秆，即在确定的骨架上用细麻绳绑上当年产且已干透的谷秆或芦苇秆，要求薄厚程度必须给以后上大泥和细泥留有充分的余地。其作用是用来填充塑像的体量和固定大泥（即粗泥）与神骨的衔接，所以谷秆或芦苇秆必须扎得实在牢固。

三、上粗泥（即塑大形）：粗泥的组合分为粗黄土加适量切碎麦秸草及麻丝，用水调和后放置一段时间，又叫省

图 18-1

图 18-2

图 18-3

图 18-4

图 18　泥塑制作流程

泥，然后用手抄泥塑出大概形象并阴干，干湿程度以八成左右为宜。

四、上细泥（即塑细部）：上细泥是塑像过程中最为重要的环节，它将关系到塑像完成后的艺术效果和结实程度，所以必须在创作意识支配下认真塑造。细泥的加工也特别讲究。细泥的配方一般为：泥土选自地面以下 1 米左右的净黄土和经水洗过的细沙子，大约以 3∶1 量混合，取加工好的棉花（麦积山石窟泥塑中大型塑像多用麻丝），再以新鲜糯米汁在调制过程中加入，并用木棒反复捶打数遍，到不软不硬不粘手为宜，然后放置阴凉处待用。细泥一般用各种工具，采取按、压、贴、划等技法，将塑像细部塑出，并随着湿泥逐渐干硬，而采用压实、收紧、赶光，将塑像整体塑出，边塑边改直至满意为止，阴干。

五、打粉底：待塑像彻底干透后，先将细小裂缝修补好干透，用布或动物皮轻轻打磨光洁，然后开始通刷白粉（即老粉加胶），干透后再轻轻打磨光洁平整并清理粉尘，最后再刷 2 遍胶矾水，放干。

六、着色彩绘：泥塑上彩是我国的民族传统，而且有助于突出形象，所以彩绘也是塑像过程中非常重要的一个环节。装饰彩绘阶段所用颜料以矿物色为主，兼配以植物颜料和天然的土色，以及金箔和金粉等。上色一般至少 2 遍到 3 遍或数遍，以达到要求为止，其间可加刷胶矾水，古人云“三矾九染”，就是这个道理。给塑像贴金或鎏金是在颜色上好后进行。在宋明时期又增加了“沥粉贴金”工艺。颜色上好后，紧接着就是“开脸”，将塑像的眉毛、眼睛、嘴、胡须进行精心描绘，以完成画龙点睛之笔。

七、上光油和蛋清：为了使彩绘颜色润泽，最后上光油及给脸部和手部涂蛋清，完整的彩塑即告成功。

至于泥塑作品中圆雕、半圆雕和浮雕等，虽然形式各异，但其塑造流程有异曲同工的规律，或省略了其中的某些不必要的步骤。此泥塑制作流程是麦积山石窟历代泥塑造像普遍应用的规律，也是中国传统雕塑艺术所应用的普遍规律。通过对制作流程的了解，你会对麦积山石窟雕塑艺术有更深的理解。

麦积山石窟塑造了一些什么像?

石窟寺是古代僧侣和信仰者修建的佛教场所，无疑与他们禅修、传法、教化、普度众生、参拜、祈愿、供养功德等密切相关。麦积山石窟佛教造像与其他石窟造像一样，是以佛教经典为依托而产生的造像。佛教经籍浩如烟海，石窟寺中的经变造像繁杂多样，在题材上，较为人们所熟悉的主要有：一佛、二佛、七佛、千佛、五佛等。一佛有：释迦牟尼佛（又名释迦文佛、能文佛）、阿弥陀佛（又名无量清净佛、无量寿佛、无量光佛，俗称西方佛）、弥勒佛（又称弥勒菩萨、慈氏）、燃灯佛（又名定光佛）、卢舍那佛、大日如来等。一佛通常还有胁侍弟子或菩萨，释迦牟尼佛常见有阿难、迦叶，或舍利弗、目犍连二弟子胁侍组合，因他们是释迦常随胁侍弟子；又有二菩萨胁侍，通常以弥勒、文殊菩萨组合，称“释迦三尊”；以文殊（智慧）、普贤（真理）菩萨组合，称“华严三圣”；也有释迦、文殊、维摩诘组合的《维摩诘经变》造像等。阿弥陀佛通常有观音、大势至菩萨组合，称“西方三圣”。弥勒佛以法华林、大妙相菩萨组合，称“弥勒三尊”。二佛有：释迦佛与多宝佛并坐造像。三佛有：迦叶、释迦、弥勒佛，或燃灯、释迦、弥勒佛组合，称“三世佛”；阿弥陀、释迦、阿閦佛组合，称“三方佛”，也有称“三世佛”。七佛通常是：毗婆尸如来、尸弃如来（式诘）、毗舍婆如来（毗舍罗婆、提舍、毗舍）、拘楼孙如来（拘留孙）、拘那含如来（迦那含）、迦叶如来、释迦文如来。菩萨造像中通常有四菩萨、六菩萨、八菩萨及交脚弥勒、思惟文殊二菩萨组合，也有地藏菩萨等。还有十大弟子、金刚、力士、飞天、天龙八部护法神、供养人等众多不同题材的造像。所涉及的教化内容思想更为丰富，对僧侣学佛禅修、教化众生，教徒及善男信女们参拜、求愿等提供了大量的真实造像。

壁画是怎么制作的?

壁画是最古老的一种绘画形式，即是在墓葬、崖壁和建筑物等的墙壁上绘画。佛教传入中国，早期的寺院已绘制壁画，石窟寺开凿，新疆和河西走廊众多石窟皆绘有壁画。麦积山石窟壁画有洞窟壁画和寺院壁画两部分。伴随着塑像自十六国后秦至明清，历代均绘有精美壁画。用壁画艺术的“经变相”弘佛，教化众生，或装饰仿建筑形式的洞窟及寺院建筑墙面空间来渲染其富丽堂皇，还用来烘托塑像的环境气氛。综观麦积山石窟壁画长廊，其壁画制作流程基本如下（图 19）：

一、壁面处理：在粗糙的崖体基础墙面上先凿出一定数量的用来固定方形木榫头的卯眼，然后挂麻丝并用斧头打进去用以挂拉泥皮，尤其是洞窟中藻井的壁面处理尤为重要。

二、上粗泥层：粗泥以黄土加麻丝与加工后的碎麦秸草

图 19　壁画绘制流程

混合，用抹子上墙，表面可粗糙一些，以便上细泥增加附着力，不至于使壁画脱层。

三、上细泥（即棉花泥）层：待粗泥半干后上细泥，细泥以细黄土加细沙子、棉花（或纸筋）用糯米汁调和加工（与塑像细泥相同），在阴干过程中压实、赶平、紧光，干透后用细纱布轻轻打磨并除去浮尘。也有些壁面与墙皮处理，是直接用麻丝泥上一层的做法（一上、二沙、七两麻）。

四、打粉底做法和塑像彩绘打白粉底相同。

五、落稿打谱子：画好图稿，并用针刺出针孔轮廓线，再上墙打谱子。将画稿取掉，然后用朱砂色（土红色或赭石色）调淡勾勒出轮廓作为上色的基本轮廓线，大画面还需分块操作。还有一种直接用针刺法刺进墙面的做法。也有小幅壁画，直接在粉底上线勾稿图。

六、上色所用颜料与塑像彩绘相同，均为矿物颜料并配以植物颜料等，一般至少填涂 2 遍颜色，古人讲究“三矾九染”，以达到理想效果。麦积山石窟壁画多采用平涂法、晕染技法，以及退晕技法（这在塑像的彩绘用法上较为突出）。

七、墨线勾勒这一步骤最为重要，它关系到艺人们的艺术水准高低，关系到画面形象准确而生动的艺术效果，所以应极为认真地运用准确而肯定的流畅线条把各种形象从整体到局部轮廓线全部勾勒，基本上是一次完成。在此特别强调一点，就是在用胶上要特别考究，胶过大颜色层易龟裂而脱落，胶过小颜色层亦容易脱落掉。所以把握好胶量至关重要，一点马虎不得。

八、画面胶矾处理：壁画整体完成后，再用胶矾水通刷2遍，其目的是防止画面颜色受潮和霉变。

了解了壁画的绘制过程，会感到古代画家在绘制壁画时，并不是完全像我们现在了解的中国传统的纸本或绢本绘画流程，而要比现代纸本绘画复杂得多。如麦积山的第127窟，满壁绘画，尤其是洞窟顶部壁画的绘制受限较多。绘制完成洞窟中壁画需时较长，并久居较为潮湿的洞窟环境中，是极为艰巨和辛苦的。这些画家应该是佛教信仰者，没有信仰的力量，一般人需要多大的定力和毅力及专业精神啊，可说是难以想象的。

麦积山石窟都有些什么壁画？

麦积山石窟壁画自后秦至清代，各朝代皆有绘制，延续了1600多年。因地处陇山林海中，多雨潮湿，受自然和人为等破坏，众多洞窟中壁面泥皮全部或部分剥落。即使现存泥皮壁画也多风化剥蚀严重、模糊不清，仅可看到一些留痕残迹。然而，就目前保留下来的极少的画面内容和技法看，具有划时代的意义，其艺术价值和历史价值往往高于或早于同时代或相同内容的其他石窟，是中国石窟寺中早期壁画中的精品佳作，对其他石窟影响较大。最具代表性的有：北魏第 127 窟大型的西方净土变、维摩诘经变、涅槃经变、萨埵那太子舍身饲虎经变、睒子本生故事变，以及七佛图、十善十恶图等，是中国石窟寺出现的同类最早作品，内容丰富，构图巧妙，技艺高超。第 4 窟多幅薄肉塑伎乐飞天和佛、弟子等壁画，是中国石窟，乃至中国绘画史中的创新作品，独家所有；此窟中的赴会图、出行图、西方净土变、菩萨等也是不同时代的精品。第 165 窟化佛、飞天；第 78 窟仇池供养人、化佛、千佛；第 76 窟飞天；第 115 窟六度（布施、持戒、忍辱、精进、禅定、智慧）壁画；第 110 窟法华经变；第 135 窟七佛、涅槃经变；第 44 窟菩萨；第 26 窟涅槃经变（图 20）；第 27 窟法华经变；第 5 窟西方净土变、佛说法图及天马、象、摩尼宝珠和飞天壁画、供养人（图 21）；第 9 窟飞天、共命鸟、双身童子；第 90 窟少数民族供养人（图 22）；第 23 窟供养人（图 23）；第 2 窟地狱十阎王

图 20　第 26 窟窟顶壁画涅槃经变

图 21　第 5 窟唐代壁画供养人

图 22　第 90 窟正壁下方壁画供养人

图 23　第 23 窟正壁下方壁画供养人

审判图；等等。还有瑞应寺佛、菩萨、诸天、罗汉、护法等壁画。这些不同朝代的壁画，皆是麦积山石窟各时代的代表作，对研究石窟壁画和中国绘画史及佛教、民族史等都具有重要意义。

麦积山石窟与其他石窟有什么关系?

据《四川制置使司给田公据碑》记载：麦积山“自东晋起迹，敕赐无忧寺”；“麦积山胜迹始自于姚秦，成于元魏”。东晋时来自南方的度杯在麦积山造像，后秦姚兴在麦积山开窟造像。后秦国都长安，先有道安主持佛教道场，后有罗什组织佛教集团传法。道安曾在邺城、襄阳弘法，后迎至长安。罗什曾在西域传法，后至凉州，被迎至长安。说明长安佛教与河北、河南、西域、凉州等地存在一定关系。因此，麦积山石窟造像与南方、长安存在关系，也与河北、河南、西域、凉州等地佛教有一些关联。麦积山石窟开凿造像始于后秦时期，西域、河西走廊早有龟兹、敦煌、凉州石窟，麦积山石窟的开凿应该受到启发或影响。

《高僧传·玄高传》记：“高乃杖策西秦，隐居麦积山，山学百余人，崇其义训，禀其禅道。时有长安沙门释昙弘，秦地高僧，隐在此山，与高相会，以同业友善。”西秦统治秦州时期为公元417—420年。玄高曾在河北弘法，来麦积山有山学百余人，已成为陇右佛教活动中心。玄高至麦积山时已有长安的释昙弘和秦地高僧在此处，后来昙弘“迁流岷蜀，道洽成都”。玄高与弟子玄绍入炳灵寺，玄高续进游凉土，又至平城，被魏太子奉为“国师”。由此可见麦积山与四川、河西、山西等地的关联和各地石窟存在的关系。麦积山又有来自北魏国都平城的法生造像，法生后去洛阳，在龙门石窟造像，也说明了麦积山石窟与龙门石窟的关系。总之，佛教传法是经像并传，麦积山石窟开窟造像是先受到西域和河西早期开窟造像的启发或影响，对后来开窟造像的多处石窟产生了一定的影响。但是主要还是受长安佛教文化艺术的影响，也可说麦积山佛教文化艺术是长安佛教文化艺术重要的组成部分。

皇室与官民共建 华夏风范

佛艺初现，胡貌梵像　麦积山后秦至北魏早期洞窟

麦积山后秦至北魏早期（499 年前），主要开凿的洞窟有第 51、74、78、90、165、76、70、71、100、128、148、75、77、80、144 窟等，分布于西崖中下部。最早的窟龛多为平面略呈方形的穹隆顶大龛，龛内正、左、右三壁设高坛基，造像主要有三世佛、胁侍菩萨及交脚、思惟菩萨等。其后的窟龛形制产生变化，略为复杂，有正壁坛基上设一佛座，两侧竖向上、中、下开三个小龛，左、右壁上方各开一方拱形大龛；龛内设方形佛座，左、右壁上各并列开一排小龛，前壁上方亦横向开 1—2 排小龛。造像主尊以三世佛为主，其他题材有胁侍菩萨、交脚菩萨、思惟菩萨、释迦多宝、七

佛、千佛等。从造像特点看，整体上呈现出继承了中亚和西域文化艺术的特征，并具有北方少数民族文化艺术的特点。佛像体态雄健魁梧，表情威严，神态佛神合一（图 24）；

图 24　第 78 窟正壁佛

图 25　第 71 窟正壁右胁侍菩萨

菩萨体态修长挺拔，表情庄重，神情肃穆，古朴自如，胡貌梵像（图 25）。这一时间段后期也开始了大规模开凿与营建，在窟龛形制、造像特点、题材组合、佛教思想等方面较多受到长安佛教文化艺术的影响，同时与云冈等地石窟互为影响，以及与炳灵寺石窟也有一定的关系。

胡汉辉映，秀骨清像　麦积山北魏中后期洞窟

麦积山石窟北魏中后期（499—534），主要开凿的洞窟有第 17、23、86、89、92、93、114、115、155、159、163、87、110、121、122、127、133、135、139、140、142、147、154、172 窟等，分布于西崖中上部，延伸到东崖。中期洞窟已呈现出汉化特征，多为平面方形，平顶中小型窟，窟内正、左、右壁设佛座或开圆拱形浅龛，浮塑尖拱形龛楣、立柱等装饰。窟内各壁多有横向或竖向排列的小耳龛或坛台。造像题材仍以三世佛为主，兼有一佛二菩萨的一铺三身组合，同时开始出现胁侍弟子像。影塑佛、菩萨、弟子、天人、飞天、供养人等，姿态各异，塑造精美。造像风格，无论是佛、菩萨、弟子，还是飞天、供养人等，人物形体由早期的高大魁梧转向舒展挺拔，面部神情由端庄刚毅转向清秀恬静。服饰

装束也由轻柔贴体、袒右露胸，转为垂领对襟、衣裙掩映。需要关注的是：许多窟龛内常常出现胡汉两种艺术风格交相辉映。身着袒右或圆领袈裟的坐佛与两侧壁面上着褒衣博带、身姿轻盈、扑面而来的汉装飞天相映，体现出一种强烈浓厚的时代变革气息（图 26）。

后期洞窟形制在平面方形窟的基础上，窟内样式更加复杂多样，地面多沿四壁凿一圈倒“凹”字形浅台基，正、左、

图 26　第 155 窟正壁

右三壁筑方形佛座，或开凿3个圆拱形敞口浅龛，有的四壁还横向堆砌4—5层高坛台。个别窟内开始出现2—3重的方形套斗窟顶，甬门方形，甬道较深，且距离窟内地面有一定的高度。这一时期的洞窟除延续中期的中小型窟龛外，还开始建造超大型窟，如第133、127、135窟。造像题材除传统的三世佛外，有一佛二菩萨、一佛二弟子的组合，一佛二弟子二菩萨的组合也显著增多，影塑佛、菩萨、飞天、供养人、瑞兽、宝相花等也成为重要组成部分。造像风格已完全汉化，佛身材挺拔清瘦，神情安详，内着僧祇支，外着双领下垂褒衣博带式袈裟，衣裾分几片垂覆于佛座前（图27）。菩萨面容清秀，表情恬静，多饰有项圈、耳铛、臂钏、手环和璎珞等，上身着交领宽袖大衣，帔帛搭肩绕臂腹前交叉或交叉穿环后两侧垂下，一手持莲蕾，一手持帛带，下穿齐腰长裙，体态婀娜（图28）。弟子面部表情稚嫩清纯，或憨态可掬，或饱经沧桑，或凝思苦想，均着宽博袈裟。供养人千姿百态，装束各异：有头戴冠帽，穿宽袍大袖衣；或发髻高耸，长裙曳地；或手持法器携子同行；或双手齐胸，虔诚而立；等等。这一时期各类塑像皆展示出人物鲜明的性格特征、丰富的内心世界和人间佛教的教化。

图 27　第[illegible]54 窟正壁佛

图 28　第 87 窟菩萨

厚重饱满，温润慈祥　麦积山西魏洞窟

麦积山西魏时期，主要洞窟有第20、28、30、43、44、102、105、123、146窟等。窟形多延续了北魏晚期的方形平顶，三壁三龛，或三壁无龛。同时又发生了新的变化，出现了仿地面陵墓建筑的木构建筑式崖阁（第43窟），以及四角攒顶的形式。造像题材，三世佛依然流行，窟内壁面影塑造像逐渐消失，代之以彩绘佛、菩萨及供养人形象，并开始出现反映世俗菩萨和世族文化精神的维摩诘像（图29）。造像艺术风格，在北魏晚期秀骨清像的基础上，面部形态及身材又趋于饱和挺拔，神情宁静慈祥，人物服饰依然保留着褒衣博带的风貌，但服装质感厚重，层次繁缛清晰，线条流畅分明，质朴而不失奢华，一种清新之风扑面而来。特别是佛发髻有螺纹、旋涡纹、水波纹多种并行，交相辉映。衣裾的变化也尤为突出，“八”字形重叠和三片式并存。反映了长安地区佛教艺术，吸收了来自中原地区与南朝佛教造像艺术的特点，融合而产生的变化，在麦积山石窟造像中展现（图30）。

图 29：第 102 窟左壁维摩诘

图 30　第 146 窟正壁佛

承前启后，珠圆玉润　麦积山北周洞窟

麦积山北周时期，主要洞窟有第3、4、7、9、11、12、15、22、26、27、32、36、46、48、62、109、136窟等。窟形在北魏和西魏平面方形窟的基础上，窟内顶部少数仍为四面坡覆斗顶式，大多数已演变为四角攒顶，四壁及顶部均浮雕仿木帐梁结构，正壁开一圆拱形龛，左、右壁各并列开3个圆拱形龛，尖拱形龛楣，龛两侧浅浮塑立柱，饰莲花宝珠及覆莲瓣形柱基（图31）。有的窟内正壁开龛，左、右壁各砌一个方形须弥座。同时还出现有少数平面马蹄形穹隆顶窟。突出的是开凿大型殿堂式崖阁窟（第4窟）。造像题材，以七佛为主，有正壁一佛，左、右壁各三尊佛；或并列七龛，各一佛。每尊又单独构成一佛二弟子及四菩萨，或一佛八菩萨的组合。四壁上方影塑几排小坐佛。也保留有部分一佛、三佛的题材。窟内主佛及龛楣有绘飞天、流云、宝相花、忍冬等图案。往往窟内通壁彩绘整齐划一的千佛。在艺术技法上较前代又有创新，如“薄肉塑”采用塑、绘两种不同的艺术形式和手法，巧妙地结合，天衣无缝，人物栩栩如生。造像艺术风格敦厚质朴、珠圆玉润成为显著特征，一改西魏造像繁缛华丽、服饰厚重的特点。无论是佛、菩萨、

图 31　第 12 窟正壁佛及胁侍菩萨

图 32　第 12 窟门内左侧弟子

弟子，还是飞天、力士，服饰轻柔贴体，均展现出雄健挺拔、恬静自然的气韵，面相方圆，五官清秀而紧凑（图 32）。佛低平肉髻，身着圆领通肩或垂领式袈裟，衣裾下摆紧贴佛座，阴刻圆润流畅的褶皱纹（图 33）。菩萨也由束发高髻，改为头戴花冠，身饰华丽璎珞，体态婀娜而不失端庄（图 34）。这种佛教艺术特征，是南朝地区佛教艺术深受印度笈多风格影响的新风貌，又影响到荆州、益州，西魏末至北周初年，随着巴蜀、荆楚一带先后被纳入北周版图，也很快传入长安，再影响到麦积山。

另外，2009 年麦积山石窟艺术研究所重修山顶舍利塔时出土的北周石雕二佛一菩萨坐像组合的三世佛、菩萨与弟子并列跪于一台、护法造像及残像十余件，艺术特征与泥塑像似同，雕刻精湛，艺术水平很高（图 35）。

盛世风范，丰满圆润　麦积山隋唐洞窟

麦积山隋唐时期，主要洞窟有第 5、8、13、24、37、49、82 窟等，唐代仅增开了个别龛塑像或重修。窟形平面以马蹄形为主，环壁一周低坛基，顶以圆拱形和穹隆形为多。也有殿堂窟崖阁，开龛。造像题材，以一佛二菩萨为主，也有一佛二

图 33　第 135 窟正壁左侧龛内佛

图 34　第 26 窟正壁右侧菩萨

图 35　山顶舍利塔发掘出土的石造像

图 36　第 24 窟佛、弟子、菩萨

弟子四菩萨（图 36）。第 5 窟在隋代开凿一龛的基础上，唐初增开二龛，形成“品”字形三龛，新增龛塑一坐佛二菩萨或一倚坐佛二菩萨，与中龛主佛构成三世佛。造像隋代作风写实，采用大体积、大块面的塑造手法，衣纹简单写实，呈凸棱状，具有简洁概括、厚重饱满的艺术形象，为唐代佛教雕塑艺术的辉煌发展拉开了序幕。唐代造像，丰满圆润，秀丽端庄，气势非凡，着装服饰华丽，施色艳丽，形象优美（图 37）。麦积山曾受到朝廷的重视，隋赐“净念寺”，应该开凿多个洞窟造像，可能因天水于唐开元二十二年（734 年）发生大地震，麦积山崖面中部等处受到破坏，严重塌毁，或许就有唐代窟，

图 37　第 5 窟左龛唐代菩萨

现无法确定。地震影响了道场的生存和发展，杜甫《山寺》诗云：“野寺残僧少，山园细路高。麝香眠石竹，鹦鹉啄金桃。”描绘了唐代麦积山的衰败情景，开窟造像停止。

写实求变，世俗趋向　麦积山五代宋洞窟

麦积山五代宋时期，从现存洞窟看，无一可确定是此时期新开凿的洞窟。由于得到北宋朝廷的重视赐名“瑞应寺”，又山中高僧秀铁壁被召入内宫讲座等因缘，主要是对此前的窟龛内造像进行修缮和补塑，总计 3000 余身。五代也是补塑，造像极少，代表性窟龛有第 43、4、11、13、36、90、100、127、133、165、191 窟等。五代（第 43 窟）重塑菩萨，头略偏、挺胸、扭胯，服装装饰繁琐，面形丰腴，身姿婉约，神态上依然保留有唐代造像特征（图 38）。宋代造像，从题材上看，主要以单尊佛、菩萨、力士等为主；艺术风格更具写实性，各种造像面形椭圆饱满、斜眼吊目、悬鼻小口，表情严肃凝重，服饰简洁质朴、宽博厚重、极富质感。佛低平螺髻，前置肉髻珠，身着垂领袈裟（图 39）。菩萨束发高髻或戴风帽，眉目慈祥，身材比例协调准确（图 40）。力士表情生动传神，体形孔武雄健，充满阳刚之气，给人以

图 38　第 43 窟右胁侍菩萨（局部）

图 39　第 4 窟第 6 龛正壁佛

图 40　第 4 窟第 3 龛左壁宋代菩萨

图 41　第 4 窟前左侧宋代力士

强烈的力量和威武感（图 41）。

程式刻板，民间情调　麦积山元明清洞窟

麦积山元明清时期，与宋元时期一样，对前代洞窟及造像进行了大量的妆彩修缮，并重塑了部分洞窟中的造像。主要有：元代第 35、48、133 窟；明代第 1、2、25、51、12、4 窟等；清代第 74、80 窟等。这一时间段，无论是窟龛造像的规模，还是造像、壁画的艺术水平都没有太大的建树，彻底转变为一处纯民间性宗教场所。元代由于佛教密宗盛行，所塑佛、四臂观音像强烈体现出程式化的藏传佛教造像艺术特点（图 42）。明代佛、菩萨、弟子等造像，无论从形态还是神态看，艺术水平欠佳，具有民间化的特点（图 43）。瑞应寺大殿壁画是麦积山石窟现存明代绘画中具有一定水平的作品。清代造像，主要是进行了大量的妆修，极少补塑佛像的头部，艺术水平极差，并破坏了原造像的神韵。清代中期以后，麦积山逐渐淹没于深山丛林之中，直到 20 世纪 50 年代甘肃学者冯国瑞先生考察并介绍后，麦积山石窟重新为世人所知，并焕发出了新的光彩。现在已成为中国著名的“四大石窟”之一，被联合国列入世界文化遗产。

图 42　第 48 窟正壁左龛内四臂观音

图 43　第 51 窟正壁佛、弟子

第1窟　涅槃重生　悟证有别

◎不可错过　窟内　释迦涅槃及弟子

位于东崖东门外的第1号崖阁又叫卧佛洞，为平面横长方形平顶窟，窟内不分间，正壁前为长方形佛床。外有三间四柱式窟檐，前凿四根八角檐柱，上无明显收分，下有低平圆础。柱头上雕大斗，无斗口，平托通长额枋，斗顱向外凸出，在平与斗顱分界处以阴刻线表示。大斗与柱头交接处有八边形皿板，其上为平顶遮檐，遮檐下与四根檐柱对应有四个方孔，为设置木构檐柱或悬垂花饰的桩孔。遮檐上部崖壁上有“八”字形雨水导流槽，窟前有栈道与地面相通。

窟内现存造像为明代重塑的释迦牟尼涅槃像、十大弟子和一身供养人。表现的是佛涅槃时在双林树下头北面西横卧之相。佛像头枕长方形枕头，横卧于佛床上，右手屈肘衬垫于枕上，左手随身而置，方位、姿态与佛经记载的涅槃情形相一致。头螺髻，前额有肉髻珠，面容丰满，双目微闭，身着通肩袈裟，腰系长裙，袒胸，赤足而卧，安详自若，恬静自然，似乎正沉浸在佛教所宣扬的理想美好场景中而不能自拔。

十大弟子在卧佛身后一字排列，除佛枕畔第一身外，其余九身弟子的下半身均掩藏在佛身后。弟子内穿交领衫，斜披袈裟，表情不同，神态各异。塑造的年龄段从青年到中老年各个阶段。首身弟子为青年形象，结跏趺坐，双手合十，面对佛陀的涅槃表现得很平静，似乎已经悟透了人的生死。第二身弟子为老者形象，右手抚摸佛头，左手抓衣角并托下颏，若有所思。第三身弟子左手抚摸佛肩，张口欲语。第四身弟子右手抚摸佛肩，左手抚摸佛左臂，蹙眉怒目，嘴巴大张，面部肌肉凸起，表现出呼天抢地的神情，对佛的逝去表现得极为悲痛。第五、六身弟子用左手抚摸佛臂，神态端肃，似乎正在回想佛陀对他们的日常教诲。第七身弟子左手摸佛手腕，神态严肃，嘴角向下，想通过脉象证明佛并未逝去，然而只能接受现实而表现出无可奈何的神情。第八身弟子为中年形象，张口怒目，像是呼喊的样子。第九身弟子双手合十，头微右扭，表情平静。第十身弟子为老者形象，右手抚摸佛脚踝，嘴巴大张，喜笑颜开，表现出诙谐幽默的神情，似乎已经大彻大悟，知道了佛通过涅槃而重生到了极乐世界而感到高兴（图 44）。

供养人为男性，位于佛足。内穿交领衫，外穿圆领宽袖紫红蟒袍，头戴乌纱帽，跽坐于佛床尾端，右手抚摸佛趾，

图 44　第 1 窟卧佛及弟子

为一神态虔恭的官员形象。衣纹多圆弧线，沥粉堆金装饰，有忍冬、莲花、宝相花、牡丹花及龙纹图案。

表现佛涅槃时的场景，在各个石窟中多有出现，造型也大同小异，如著名的张掖大佛寺西夏涅槃像。距麦积山石窟仅 17 公里的仙人崖石窟，同样有 1 身明代佛涅槃像。可见在明代涅槃这一题材在天水地区较为流行。而在石窟中具有代表性的佛涅槃造像，要数敦煌莫高窟唐代第 158 窟了。该窟中除了释迦佛为泥塑外，其余举哀的弟子和西域各国国王与王子则以壁画的形式表现（图 45）。特别是弟子的沉静与各国王子捶胸顿足、悲痛欲绝、割手剜眼的场面形成的强烈对比，形象地宣示了皈依佛教修行佛法后弟子与世俗众生所具备的不同思想境界差异，以此为教化世人向往佛法的手段。

佛经上讲，涅槃并非死亡，是指经过无数生死轮回后获得了新的精神境界，也是成佛的标志。因此，雕塑家塑造了释迦牟尼涅槃时从容不迫、心绪坦然、对未来充满希望和自信的神情，和周围壁画中因佛涅槃而痛不欲生的众生相形成了鲜明的对比。这种情绪的宣泄方式又何尝不是雕塑家对佛法理解的一种具象化表现。同样，麦积山的工匠在塑造时也着力表现了佛法追求来生解脱的因果说。

图 45　敦煌莫高窟第 158 窟《涅槃变》（局部）

第 2 窟　人间大道　善恶因果

◎不可错过　正壁前　地藏

第 2 窟位于东崖东部，平面横长方形盝顶窟。窟顶正方形藻井四坡呈梯形，每坡又分左右两栏共八栏，内绘八卦图。窟内正、左、右三壁前做低平台，其上为地藏菩萨及道明和尚坐像。地藏菩萨结跏趺坐于其坐骑背上的仰莲花座上（图 46）。高肉髻，戴花冠，裸上身。戴项链，着披巾，革带系裙。坐骑长颈、长毛。昆仑奴头戴毡帽，着紧身短衣，外罩宽衫，穿长筒靴，腹部凸起，右手持琉璃珠，左膝压琉璃球，络腮胡须（图 47）。道明和尚着双领下垂式袈裟，半结跏趺坐（图 48）。

在麦积山，表现地狱变相题材的共有 3 处，分别是第 2、12、127 窟。第 2 窟是保存最为完整的，也是包括塑像和壁画内容都用来表现这一题材的唯一洞窟。

图 46　第 2 窟地藏菩萨

图 47　第 2 窟昆仑奴

图 48　第 2 窟道明和尚

◎不可错过　左右壁　地狱变

十殿阎罗塑像分立于左右两壁前的低坛台上。在其身后的壁面分栏绘十殿阎罗审案的场景，两壁各 5 幅，阎罗坐于几案后，左右两侧为人数不等的侍者和判官。下方绘铁磨地狱、锉锥地狱、业镜、奈何桥、锯解地狱、镬汤地狱、望乡台、迷魂汤等地狱诸相（图 49）。窟门内左侧绘刀山剑树地狱（图 50）。

佛教的中心思想就是劝人向善，所使用的方法除了劝导、引导之外，另一种方法就是威胁与恐吓了。把一心向善和一生作恶的人，在死后所得到的不同因果报应用图像的形式表现出来，既形象，又直观，可以达到最直接的警示效果。

图 49　第 2 窟《阎罗与地狱》

图 50　第 2 窟门内右侧下方刀山地狱

第 3 窟　千佛千世界　佛佛如一

◎不可错过　栈道建筑

从麦积山石窟窟前的东门进入栈道，顺着第 168 窟象征着佛教三十三天的 33 个石台阶（这些台阶从下到上，一阶比一阶高，因而又被形象地称为步步高升）拾级而上，就到了俗称千佛廊的第 3 窟，是石窟东门到第 4 窟散花楼的通道。大型“人”字坡顶长廊式崖阁，全长（面阔）36.5 米，顶高 8.2 米，廊宽（进深）2.7 米。共有 14 间，廊顶两端素壁，中间作月梁 13 道，断面横竖各为 25 厘米，是迄今所见最早的月梁形象。其上置驼峰、替木、脊槫、檐槫，断面均为方形。现存石壁上置半圆形椽，每间 6—7 根，均就石而凿，外敷麻泥。月梁外端曾有悬挑檐柱（图 51）。在上部两排千佛与下部四排千佛之间的壁面，有 60 厘米宽的间隔，原设木栈道。

图 51　第 3 窟仿木构悬挑檐柱

◎不可错过　栈道上下　千佛

麦积山石窟除第3窟外，在第4、23、26、108、133等窟内壁上还有影塑、彩绘等不同形式的千佛场景存在，而这些窟龛的创建年代主要为北周时期。与其他如敦煌莫高窟、武山拉梢寺等石窟一样，麦积山石窟对千佛信仰也比较盛行。本龛内千佛共上下6排，现存坐佛297身。被栈道分为上下两部分，栈道之下4排共205身为北周原作。之上2排共92身为宋、明两代重修或重妆，保留了部分彩绘的痕迹。均石胎泥塑，顶作低平肉髻，后有圆形头光，身披通肩或圆领袈裟，面相浑圆，虽然远观似乎雷同，但走近看时就会发

图52　第3窟千佛（局部）

现，每身坐佛各不相同，无论是衣饰、面部表情、发髻，还是手印、坐式，总是有一点细微差别（图 52、图 53）。

图 53　第 3 窟千佛之一

第 4 窟　天空乐舞　技艺独妙

◎不可错过　大型崖阁建筑

《秦州天水郡麦积崖佛龛铭并序》序文记载，本窟为北周秦州大都督李允信为纪念王父所建的七间八柱大型庑殿顶崖阁建筑。俗称“散花楼”“上七佛阁”，建成后北朝文学家庾信为之作铭。面宽 31.4 米，进深 13 米，高 16 米。平面呈横长方形，上凿单檐庑殿顶，前开七间八柱窟廊，后列七龛。殿顶上部雕正脊两端有鸱尾，素平无线脚。屋面雕筒瓦瓦垄。正脊上部 1—4 米处壁面上的上下 3 排规整的桩眼，为嵌置遮檐挑梁之用。前檐原雕有带收分的八棱檐柱 8 根，中间 6 根已塌毁。东西两侧上部壁面各开一六角攒尖顶佛帐式耳龛，龛顶有伞骨式的浮塑帐杆 12 根，三壁壁面上部有与之对应的绘制短柱。廊顶各间原凿竖三横二排列的平棊。廊后并列 7 个四角攒尖顶佛帐式大型龛，形制及大小相同。正壁前作石胎泥塑须弥座，彩绘精致，装饰富丽。诸龛外部，上有浮塑火焰宝珠及鳞片状网络花饰和帐幔，两端分别为龙、凤、象头，口衔下垂近地流苏。各龛外帐幔之间有石胎泥塑“天龙八部”（图 54、图 55）。

图 54　第 4 窟大型崖阁

图 55　第 4 窟前廊后壁龛楣

◎不可错过　七佛龛外上方　伎乐天

来到此窟，最引人注目的就是那位于前廊后壁龛门上方的7幅大型飞天壁画。飞天壁画与下部诸龛相对应一列7幅，均为北周原作，其大小、设色及绘画风格基本相同。7幅画面均绘两两对称、相向飞行的4身飞天。自东至西1至5幅，是为人们津津乐道的“薄肉塑”壁画，将人物的脸、手臂、足等肌肤所露部分以细泥浮塑而成，飘带、衣裙、乐器及飞洒的花朵则以彩绘的形式表现。这种独有的绘塑结合表现人物形象的方法，为麦积山石窟所独有，并引起了广大艺术爱好者的兴趣。第1、3、5、7幅绘伎乐飞天，他们或吹笛、胡角、笙、埙、箫，或弹阮咸、箜篌、琵琶，或击鼓，或敲锣，或抚琴。第2、4、6幅绘供养飞天，或持果盘，或执香炉。共同营造了一种弦管并奏、鼓乐齐鸣、舞姿翩翩、花雨飞扬、香烟缭绕的大型天宫伎乐氛围，每一幅都是北周的优秀作品。壁画中浮塑肌肤增强了画面的质感，突出了立体效果，有脱壁欲出的效果。飘带、衣饰等绘画部分，线条流畅，晕染细致，层次分明。绘塑二者巧妙应用，珠联璧合，互相衬托，虚实变化丰富，和谐统一，具有完美的艺术效果（图56、图57）。

图 56　第 4 窟第 3 龛门外上方“薄肉塑”飞天

图 57　第 4 窟“薄肉塑”飞天（局部）

◎不可错过　廊顶西侧　《出行图》

在前廊顶部西侧平棋内有一幅《出行图》，中间的骑手乘红马，姿态从容自如，骏马健步行进，更觉栩栩如生，富有神韵。其中的车马、人物，由于巧妙地应用了焦点透视和散点透视相结合的构图方法，马头的动态与下方仰头观看的人所形成的仰视中的错觉，使得下方观看的人无论如何转动，中间的红马都在跟着移动，向着观看者相反的方向前进，极为精妙（图 58）。

图 58　第 4 窟前廊顶部西侧平棋内壁画《出行图》

◎不可错过　廊顶东侧　《诸天赴会图》

位于顶部东侧平棋内的《诸天赴会图》共有菩萨、弟子及天人 17 身。前方 4 身飞天手托雀尾炉，迎风飞行，衣带招展飘逸，香气四散。中间的 1 身菩萨，脚踩莲台，周围众弟子和菩萨环绕而行，画面上下祥云飘动。人物袈裟穿着方式有通肩、袒右和双领下垂，造型多变，姿态各异，上下高低错落。画面构图疏密结合，间以莲花和祥云点缀，从而使整个画面呼之欲出、如临其境（图 59）。

图 59　第 4 窟前廊顶部东侧平棋内壁画《诸天赴会图》

◎不可错过　七佛龛外侧　天龙八部

在前廊后壁七列龛门外左右帷幔之间，均有一身石胎泥塑立像，为佛教中的天龙八部造像。后经宋代在其表面加泥重塑，虽多数泥层脱落，仅留石胎；但从保存完好的几身来看，基本保存了北周原作或唐代重修的风貌。他们或头戴盔、身穿胄甲，或束发、袒露上身，面容狰狞，神态各异，形体短壮敦厚，手持剑、叉、矛、金刚杵等兵器或宝珠、莲蕾等物，下系长裙，足踩夜叉或兽，或者力士托举，造型夸张，形象生动（图 60、图 61）。

图 60　第 4 窟天龙八部众之一

图 61　第 4 窟天龙八部众之二

◎不可错过　前廊左右壁上方　维摩诘、文殊

左壁上方耳龛内维摩诘头戴荷叶形头巾，面相苍老而又清癯，双目略下视，内穿交领衫，外穿对襟宽袍，俯首弯腰，左手抚膝，右手持拂尘，倚坐于方形座上（图 62）。侍女梳中分式高髻，面形长圆丰满，弯眉、悬鼻、口小，嘴角内敛，穿交领宽袖短袍，下系长裙，外披坎肩，腰间多系带下垂，神情虔恭肃穆（图 63）。

右壁上方耳龛内文殊菩萨梳桃形高发髻，束宝缯，发带垂于耳后，面形长圆丰满，弯眉、凸目、悬鼻、小口，短颈端肩，内穿僧祇支，外着双领下垂式袈裟，双手于胸前合十，神情严肃，挺胸赤足善跏趺坐于半圆形莲台上。胁侍菩萨与弟子神态虔恭，立于两侧（图 64）。

佛经《维摩诘经·观众生品》云："时维摩诘室有一天女，见诸天人闻所说法，便现其身，即以天华散诸菩萨、大弟子上，华至诸菩萨即皆堕落，至大弟子便著不堕。一切弟子神力去华，不能令去。"这即是后来成语"天女散花"的出处。此处将遥遥相对正在辩法的维摩诘与文殊菩萨分置于前廊两端上方的壁龛内，当不是巧合。

图 62　第 4 窟前廊左耳龛

图 63　第 4 窟前廊左耳龛内供养人（局部）

图 64　第 4 窟前廊右耳龛

第 5 窟　牛儿堂

◎不可错过　三龛三佛

本窟开凿于隋末唐初，形制为三间四柱仿宫殿式建筑，由于唐代大地震，窟前部及四柱已坍塌损毁；后壁一字并排开有三个平面马蹄形圆拱形敞口大龛。从左到右依次是过去、现在、未来三世佛；中龛开凿于隋代，其龛内隋代塑一佛二弟子四菩萨，明代重新妆彩（图 65）。左右两龛远小于中龛，为唐代所塑一佛二菩萨。

中间龛内释迦佛顶作螺髻，方面大耳，耳坠呈长环状。眉间有白毫相，双目微睁平视。内着僧祇支，外披通肩袈裟，腰间束带作蝴蝶结下垂，左手抚膝，手指向下，作降魔印；右手举于肩部，作施无畏印，结跏趺坐于须弥座上。造像形体饱满，神情庄重威严，气势豪迈雄健，已初步具备了唐代造像雄健大气的一些特征（图 66）。两弟子立于主佛左右两侧，内着僧祇支，身披袈装，下穿裙，跣足站在圆形台座上。其中左侧的弟子迦叶，两手屈举于胸前，面部肌肉松弛，皱纹凸出，张口露齿，笑容满面，是一个刚健矍铄的老者形象。右侧弟子阿难，方圆面形，左手屈举，掌心向上，右手牵衣下垂，是一个壮实健美的北方青年形象。其余 4 身菩萨两两分列于弟子外侧，均为长方面形，嘴角与下颏绘有蝌形胡须，头戴华冠，手戴镯，下穿翻腰长裙，并于腹前束带作结，跣足站在圆形台座上，高大壮实（图 67）。

左右两龛均塑造一佛二菩萨，右龛迦叶佛内着僧祇支，腰间束带作结，外披双领下垂袈装。两手屈肘向前，高低错

图 65　第 5 窟中龛佛、弟子、菩萨

落，善跏趺坐于方形座上，脚踩仰莲台座。左龛弥勒佛着三重僧衣，内着僧祇支，中衣为双领下垂式，外衣为斜披袈裟，结跏趺坐于方形座上。左手抚膝，手指向下作降魔印；右手举于肩部，掌心向外，手指向上，作施无畏印。衣摆披覆座前之半。二佛顶作螺髻并有肉髻珠，方面大耳，眉弯如细月，眉间有白毫，目半睁，嘴微闭，鼻露孔。颈项粗短，有三道曲纹。胸部微微凸起，体躯壮实。衣饰褶襞稀疏，多呈平行阶梯式。胁侍菩萨头戴华鬘冠（右龛右菩萨冠上有化佛），发披两肩。面目端丽，体态妖娆。胸部半袒，双臂外露，肌

图 66　第 5 龛中龛佛

图 67 第 5 窟中龛弟子与菩萨

图 68　第 5 窟左龛佛与胁侍菩萨

肤丰腴。胸佩璎珞项圈，臂饰钏，腕戴环。肩搭帔帛或横于膝际一道，或绕臂下垂，系翻腰羊肠大裙，跣足站在圆形台座上。4 身菩萨姿态服饰有别，但总体风格相同。体形都呈“S”形扭动曲线，婀娜多姿，充分体现出女性的体态美。造型匀称舒展，塑作技艺精湛，线条转折圆润，刻画手法细腻，呈现出丰满富丽的艺术风格，为麦积山石窟现存为数不多的唐代作品（图 68）。

图69　第5窟西方净土变（局部）

◎不可错过　右龛外上方　《西方净土变》

西龛外上部绘《西方净土变》，画面中心为阿弥陀佛于帐前结跏趺坐，观世音、大势至侍立两侧。前有莲花化生菩萨等，经变下方龛楣两侧绘女供养人，左侧三排，右侧一排，所有供养人均上穿圆领窄袖衫，下着宽博长裙，双手持莲蒂，前有比丘引导，后有女婢护送，展现了金碧辉煌的唐画风采（图 69）。

窟顶西侧平棋内为唐代所绘佛本生故事《夜半逾城》，画面中一匹紫红色马前有摩尼火焰宝珠，后有驰象，左右散花飞天环绕，流云衬托。整个画面富有动态和节奏感，具有极高的艺术水准（图 70）。

图 70　第 5 窟前廊顶部平棋内壁画《夜半逾城》

◎不可错过　中龛外左侧　力士踏牛犊

中龛外左侧的踏牛天王，顶束锥状发髻，面相方圆，耳大鼻高，赤须虬髯，眼球凸出，身躯笔直，头微右扭，双拳

图 71　第 5 窟踏牛天王

平握，正视前方。身着长甲、护胸，腰系战裙，穿宽腿扎脚裤，足蹬圆头靴，雄赳赳，气昂昂，稳健地站在牛犊背上，是一位镇定自若的西域将军形象（图 71）。天王脚下的牛犊，即《玉堂闲话》中所称的“金蹄银角犊儿”。牛儿卧地，昂首扭头，两眼圆睁，鼻孔大张，屈膝伸腿，奋力欲起。虽背负天王硕大身躯，但显得轻松自若，并无负重之感。双角已残，前腿亦有残损，但机警天真的神态仍活灵活现，是一件出神入化之作。当地相传，如果哪天天王脚下的牛犊动弹了，麦积山所在的秦州地区就会发生地震，其背上的天王就是为了镇压牛犊，不让其动弹引来地震灾害而塑造的（图 72）。

图 72　第 5 窟牛犊

◎不可错过　第 4 龛内　莲花化生

第 9 窟又称中七佛阁，开凿于北周，是一座大型栈桥式崖阁建筑，在建筑后壁并列开有 7 个落地圆拱大龛。由于地震等自然灾害，窟前檐部分已残损，现在建筑为 1980 年山体加固工程时重修。窟内现存造像 19 身，每龛内塑一佛二菩萨或一佛二弟子，经宋代重塑，具有明显的宋代特征，鹅蛋脸形、柳叶眉、丹凤眼、悬胆鼻、樱桃小口，形象亲切动人，端庄秀美。窟内壁画均为明清重新绘制或妆彩。采用沥粉堆金的技法绘制龙凤祥云纹、花卉等图案（图 73）。

第 4 龛，龛内塑一佛二弟子。主佛释迦牟尼面形方圆，耳大垂肩，颈刻有三道曲纹，身着通肩圆领袈裟，结跏趺坐于方形台座之上。左侧弟子迦叶，面部老成持重，双手握拳；右侧弟子阿难，面目清秀，双手合十而立。主佛身光两侧另各绘一尊莲花化生，形象为面容饱满的童子跪坐在莲蓬之上且回头而望，童子身形圆润、飘带飞扬，非常惹人喜爱（图 74）。

（小说明）

沥粉贴金是建筑彩画工艺之一，即用装有胶和土粉混合成的膏状物的尖端有孔的管子，按彩画图案描出隆起的花纹，上面涂胶后贴以金箔，以求图案有立体感。这种古老的民间制作工艺早在盛唐时期就已被广泛采用。中国的沥粉、贴金工艺源远流长，沥粉工艺是传统工艺制作的一个花色品种。

图 73　第 9 窟第 1 龛菩萨右臂上的装饰技法

图 74　第 9 窟第 4 龛化生童子

图 75　第 9 窟第 4 龛共命鸟

◎不可错过　第4龛内左右壁　共命鸟

在第4龛主佛背光上部左右两侧各绘一双头、鸟腿鸟爪、身后翅膀伸展，即佛经中所说的共命之鸟。丁福保《佛学大辞典》“命命鸟”条谓《法华》《涅槃经》等谓之命命鸟，《胜天王般若经》谓之生生鸟，《杂宝藏经》谓之共命鸟，《阿弥陀经》谓之共命之鸟，乃一身两头之鸟也。佛经故事中说此鸟的二头彼此嫉妒争斗，以致食毒而死，以喻不顾整体或害人即害己的道理。童子一身二头，双手合十，面如满月，形象十分虔诚。这也反映了佛教“不一不二”的大乘教化思想（图75）。

◎不可错过　第2、4、6龛内上方　大鹏金翅鸟

在本窟第2、4、6龛的佛头上方龛顶上各有一只双翅伸展的彩绘大鹏——护法迦楼罗，鸟头人身，戴冠，裸上身，有臂钏和手镯，双臂向两侧伸展，背后为张开的双翅，腰部系缠腰（图76）。按照《妙法莲华经》等佛经的说法，迦楼罗是护持佛的天龙八部之一，有种种庄严宝像，金身，头生如意珠，鸣声悲苦，每天吞食一条娜迦和五百条龙，随着体内毒气聚集，迦楼罗最后无法进食，上下翻飞七次后，飞往金刚轮山，毒气发作，全身自焚，只剩一个纯青琉璃心。

图 76　第 9 窟第 2 龛大鹏金翅鸟

天下有无数迦楼罗，由大威德、大身、大满、如意四大迦楼罗王统领。同时，迦楼罗也是观世音化身之一。据《舍利弗问经》所说："迦娄（楼）罗神者，先修大舍，常有高心，以凌于物，故受今身。"其形象源于古印度神话。按照印度教的神话传说，迦楼罗是大神毗湿奴的坐骑，属次级神，据说其形象为半人半鸟，生有鹰首、利爪和喙，身躯和四肢则与人无异。在东南亚，迦楼罗是忠心的象征，而在佛教中则位列于天龙八部之一。迦楼罗专门以龙为食。中国佛教将鲲鹏的鹏鸟形象融合到迦楼罗身上，又称为大鹏金翅鸟。一般来说，迦楼罗以人面鸟身、鸟面人身或全鸟身形象出现。在中国中原地区的佛教寺庙中，迦楼罗常常以观世音化身之一的身份出现在供奉观音的圆通宝殿中，全身白袍，人形，唯面部尖喙，仍是鹰形。在中国西南地区，迦楼罗往往以金鸡形象出现，立于塔顶。在古印度史诗《摩诃婆罗多》的《初篇》中详细地记录了迦楼罗为了解除其母的奴隶身份而与龙族打赌，以夺取天界的甘露换来母亲和自身的自由，最终成功地从天界因陀罗处取得甘露，从而在争取到自由的同时终身以龙族为食的故事。

第 13 窟　唯我独尊　佛法永驻

创建于隋代的东崖大佛龛，是麦积山石窟开创以来最大的摩崖造像龛，内容为“弥勒三尊”。中间弥勒佛身高 15.7 米，两侧胁侍菩萨身高均 13 米，也是麦积山石窟中最大的一组塑像。现在所见到的造像为南宋重修，三身像均为石胎泥塑。塑造时先采用高浮雕的方式雕出造像的石胎，再在石胎表面敷上粗泥塑造大形，最后再用细泥进行细部刻画而完成。雕塑家在制作之前充分考虑了栈道上礼拜者必须要仰视才能观瞻的视角因素，有意识地加大了造像头部比例，造型上大下小，解决了仰视时比例不协调的错觉问题。弥勒佛面

图 77　第 13 窟佛与菩萨

形方圆，双目半睁半闭，俯视人间，神情庄严肃穆，倚坐于大须弥方座上。

佛、菩萨本来就塑造于悬崖上，显得高大雄健而很有气场，再加上礼拜者位于其脚下狭窄的栈道上时，需要仰视才能观其全貌，自然会感受到佛的神秘伟岸和自身渺小，油然而生顶礼膜拜的心绪。

右胁侍菩萨束发戴冠，发冠正中有一象头形象，袒上身，下着长裙，左手提净瓶，右手执一支莲蕾；左胁侍菩萨头戴莲花宝冠，袒上身，下着长裙，双手持莲。两菩萨赤足立于佛两侧（图 77）。

1982 年在对大佛进行保护修复时，曾在佛的右边脸颊内发现了宋人重修造像时放入的装藏物品——晚唐手抄本《金光明经》一卷，经书为手写楷体，宽 25 厘米、长 760 厘米（图 78）。另外在白毫内出土宋定窑白瓷碗一个，碗外有环形墨书题记二圈，记述了绍兴二十七年（1157 年）重修造像的工匠及时间，具有十分重要的价值（图 79）。

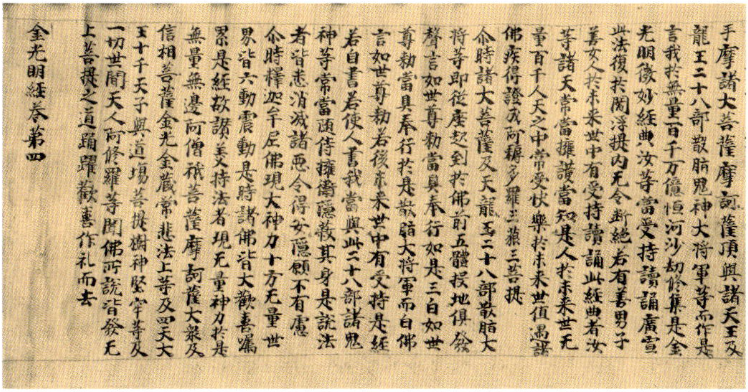
手摩諸大菩薩摩訶薩頂與諸天王及
龍王二十八部散脂鬼神大將軍等而作是
言我於無量百千万億恒河沙劫修集是金
光明微妙經典汝等當受持讀誦廣宣
此法復於閻浮提內无令斷絶若有善男子
善女人於未来世中有受持讀誦此經典者汝
等諸天常當擁護當知是人於未来世无
量百千人天之中常受快樂於未来世值遇諸
佛疾得證成阿耨多羅三藐三菩提
尒時諸大菩薩及天龍王二十八部散脂大
將等即從座起到於佛前五體投地俱發
聲言如世尊勑當具奉行如是三白如世
尊勑當具奉行於是散脂大將軍而白佛
言如世尊勑若後未来世中有受持是經
若自書若使人書我當與此二十八部諸鬼
神等常當頭侍擁衛隱蔽其身是說法
者皆悉消滅諸惡令得安隱願不有慮
尒時釋迦牟尼佛現大神力十方无量世
界皆六動震動是時諸佛皆大歡喜囑
累是經敬讚美持法者現无量神力於是
無量無邊阿僧祇菩薩摩訶薩大衆及
信相菩薩金光金藏常悲法上等及四天大
王十千天子與道場菩提樹神堅牢等及
一切世間天人阿修羅等聞佛所說皆發无
上菩提之道踊躍歡喜作礼而去
金光明經卷第四

图 78 第 13 窟出土的《金光明经》卷四

图 79 第 13 窟出土的白瓷碗

装藏

佛教仪轨中，将佛经置于佛像内部称为装藏，象征着思想、灵魂或者法力。唐宋时期装藏相对简单，到明清时装藏已包括众多仪轨和物品，而麦积山第 13 窟的装藏属于初期的简单形式。

第 27 号窟　壁画中的佛经

◎不可错过　窟顶正左右三坡　《法华经变》

由于地震引起的山体崩塌，而使位于东崖西部的第 27 窟前半部塌毁，让我们只能看到这是一个平面方形佛帐式四角攒尖顶窟。从残存的帐杆、帐楣、帐柱，以及正壁上部左右两角圆形饰物来看，开窟时已经预留了这些构件的石胎。窟内三壁开圆拱壁龛，有浮塑莲瓣形龛楣及龛柱。龛柱下为覆莲柱础，上为火焰宝珠仰莲柱头。左右壁龛略小于正壁龛，三壁前凿较宽的低平台。现存三佛二菩萨，宋代重

图 80　第 27 窟正壁佛及菩萨

塑（图 80）。

窟内最吸引人的当数位于窟顶斜坡上的北周彩绘壁画，约 6.5 平方米。后坡绘《法华经变》中的“见宝塔品”和“化城喻品”。画面中释迦、多宝二佛并坐，周围聚集众多菩萨、声闻、天龙八部及诸弟子、比丘、比丘尼、优婆塞、优婆夷等前来听法。右侧绘城一座，城外有一身穿袈裟的导师和一个衣着简朴的采宝人，此外城侧还有身穿交领衣衫的人物 4 身。左坡绘听法人物 10 余身，右坡有乘云弟子 2 身、飞天 1 身。各坡内容安排有序，人物动态潇洒自如，线条流畅，色彩和谐（图 81）。

图 81　第 27 窟窟顶壁画《法华经变》

《妙法莲华经》卷四“见宝塔品”云：“尔时佛前有七宝塔，高五百由旬，纵广二百五十由旬，从地涌出，住在空中，种种宝物而庄校之。五千栏楯，龛室千万，无数幢幡以为严饰，垂宝璎珞宝铃万亿而悬其上。四面皆出多摩罗跋栴檀之香，充遍世界。其诸幡盖，以金、银、琉璃、砗磲、玛瑙、真珠、玫瑰、七宝合成，高至四天王宫。三十三天、雨天曼陀罗华、供养宝塔。余诸天龙、夜叉、乾闼婆、阿修罗、迦楼罗、紧那罗、摩睺罗伽、人非人等，千万亿众，以一切华、香、璎珞、幡盖、伎乐，供养宝塔，恭敬、尊重、赞叹。”说的是释迦在摩揭陀国王舍城外东北耆阇崛山（灵鹫山）说《法华经》的场面。佛经说多宝佛为听《法华经》而坐多宝塔涌现在释迦面前，分半座请释迦入内并坐。释迦欣然入座，多宝塔遂上升虚空，接受万众赞颂礼拜，形成法华会的高潮，象征着《法华经》的真实不虚、至高无上。

“化城喻品”为《法华经》所举的重要譬喻，法华七喻之一。《法华经》用此化城以比喻小乘的涅槃果位。《法华经》卷三“化城喻品”云：“譬如五百由旬险难恶道，旷绝无人，怖畏之处，若有多众欲过此道至珍宝处，有一导师聪慧明达善知险道通塞之相，将导众人欲过此难。所将人众，中路懈退……以方便力，于险道中过三百由旬，化作一城，告众人言：汝等勿怖，莫得退还，今此大城，可于中止，随意所作，若入是城，快得安隐，若能前至宝所，亦可得去。……于是众人，前入化城，生已度想，生安隐想。尔时，导师知此人众既得止息，无复疲倦，即灭化城。语众人言：汝等去来，宝处在近，向者大城，我所化作，为止息耳。”这个故事是说：一个富商去远方求宝，要经过漫长的“险难恶道”，大约走了许多路，众人疲惫不堪，而且感到“怖畏”，产生“退还”之念。是时，一位“导师”以方便法化出一城，楼台亭阁、园林流水俱全，众人看到莫不欣慰，便进得城门，但求安稳，以为已经“得度”，不欲前行。导师见状，又将城池化去，并告诫信众，这只是暂时休憩之处，不可就此满足，只有继续发奋前进，才能“共至宝所”。

（小说明）

“化城”谓变化出来的城邑。在《法华经》中，指某一群人在取宝途中的暂时休憩之所，是由领队的导师所化现出来的，因此称为“化城”。

第 37 窟　胸怀众生　慈悲悯度

第 37 窟是麦积山石窟隋代代表性洞窟之一。其窟形制为平面马蹄形，穹隆顶中型窟，窟前部微残，窟内原有塑像

图 82　第 37 窟佛、菩萨

图 83　第 37 窟胁侍菩萨

5身。现仅存一佛一菩萨。窟顶部还尚存一袭飞天巾带，线条流畅自如，色泽清亮艳丽。

弥勒佛头作螺旋纹发髻，面形丰圆，耳大垂肩，身着通肩圆领袈裟，袈裟衣纹为阶梯式，手施无畏与愿印，善跏趺坐于方形台座之上，神情庄严肃穆。右侧的这尊胁侍菩萨身躯修长，体态端庄，面形丰腴，上身袒露，下挽浣纱薄裙，身体微微向主佛倾斜，低眉下视，面部带着淡淡的羞涩，文静谦和，端庄秀丽。头梳高发髻戴花冠，宝缯垂肩。颈部戴有精致的桃形小项圈，眉目细长，隆鼻小嘴，给人以亲切动人、朴素无华的美感。双手浑圆富有弹性，轻轻相叠抱于胸际，作祈祷状，手臂极富肌肤质感，大拇指微微跷起，好似一直在动。塑作技法简练纯熟，线条流畅，繁简适度，为麦积山石窟隋代塑像精品（图82、图83）。

第43窟　悲哀故事　千古绝唱

◎不可错过　瘗窟主人　乙弗氏

位于东崖西下部第43窟俗称“魏后墓”，是一座墓窟和佛龛相结合的大型单檐庑殿顶崖阁，为葬西魏文皇后乙弗氏之处，称“寂陵”。外凿三间四柱式窟廊，正间较宽，两梢间较窄，且两侧微微靠后，使外部略呈弓背形。前凿八角棱柱四根，有收分。檐柱头间有浮雕花饰，额枋上雕弧形花茎。其上雕水平伸出的檐椽。屋顶残存上半部，有雕出的筒瓦瓦垄，脊上雕出叠瓦作脊的平行线脚。正脊两端平行线脚上翘并内弯，形成鸱尾，两鸱尾间雕树枝状饰物。檐柱后凿拜廊，顶部上雕穿插枋。廊后正中开一平面马蹄形大龛作为享堂，其左右各开一个圆拱形壁龛。后壁凿盝顶形的柩室，有壁柱、横楣、梁枋等表示佛帐的构件。整体结构严谨，玲珑别致，为崖阁杰作（图 84）。

图 84　第 43 窟崖阁

窟内现存造像圆塑 4 身、浮塑 5 身，为五代和宋代重塑。享堂内圆塑主佛和左右浮塑供养龙女。主佛位于正壁前，顶作螺髻，额头有肉髻珠。面形方圆，眉间有白毫相。双目微睁俯视，神情静穆。胸部半袒，内着僧祇支，腰间束带作结，外穿双领下垂袈裟，左手抚膝，右手屈举，善跏趺坐于须弥座上，两脚各踩一朵莲花。身后浮塑龙椅，上部左右两侧有浮塑龙及龙女各一（图 85）。

图 85　第 43 窟享堂

通过史书的描述，我们看到的西魏皇后乙弗氏是一位温柔可人、恭谦和善而且美丽的弱女子。但是其一生的命运，却由于陷于政治旋涡之中，最后以悲剧终结，不由让人唏嘘。麦积山石窟第 43 窟被认为即是她安厝的墓室。

乙弗氏是西魏文帝元宝炬的皇后，吐谷浑裔。《北史》载：“文帝文皇后乙弗氏，河南洛阳人也。其先世为吐谷浑渠帅，居青海，号青海王。凉州平，后之高祖莫瓌拥部落入附，拜定州刺史，封西平公。自莫瓌后，三世尚公主，女乃多为王妃，甚见贵重。父瑗，仪同三司、兖州刺史。母淮阳长公主，孝文之第四女也。”乙弗氏高祖莫瓌就是《魏书》中的乙瓌，是北魏孝文帝迁都洛阳后将乙弗改为乙姓的结果，籍贯也由代改为洛阳。乙弗氏家族历代与皇室通婚。乙弗氏的母亲就是孝文帝女儿淮阳长公主。她的丈夫元宝炬是北魏宗室、大将军，曾经是孝明帝和孝武帝的亲信，随同孝武帝自洛阳出逃到关中投奔宇文泰。宇文泰毒杀孝武帝之后，立孝文帝之孙元宝炬为帝，这就是西魏文帝。乙弗氏嫁给元宝炬的时候是 16 岁，那时东西魏刚刚分裂。公元 535 年元宝炬登基，册立乙弗氏为皇后，时年 26 岁。乙弗氏性格温婉，待下和善，对其他人宽容大度。共生育 12 个孩子，夭折 10 个，只剩下太子元钦（西魏废帝）和武都王元戊。当时西魏与东魏激战正酣，北方柔然强大，东西魏都想巴结。西魏的实际掌权者是宇文泰。为了向柔然头兵可汗示好，他首先让魏文帝将舍人元翌的女儿封为化政公主，嫁给头兵可汗的弟弟塔寒。然后又强迫魏文帝废掉乙弗氏，娶头兵可汗女儿郁久闾氏。

虽然文帝与乙弗氏夫妻感情很好，但是他拗不过权臣宇文泰，迫于压力，在大统四年（538 年）二月，令乙弗氏出家为尼，然后迎娶郁久闾氏。于是乙弗氏泪别长安，前往秦州（天水），投奔自己的儿子，秦州刺史、武都王元戊，在麦积山正式开始了青灯古佛的生活。由于文帝对郁久闾氏的骄横跋扈难以忍受，又加上他对乙弗氏的情感难以割舍，于是偷偷地命人让乙弗氏蓄发，以期能够再次将乙弗氏迎入宫中。郁久闾氏本来就嫉妒文帝对乙弗氏的感情，当得知文帝秘密让乙弗氏蓄发后，大怒。于是本来就对西魏虎视眈眈的柔然，在大统六年春以给郁久闾氏撑腰为借口，举国南下入侵，前锋已过夏州，由于西魏积弱，根本无力抵抗入侵，文帝被迫赐死乙弗氏。接到命令的乙弗氏万般无奈，留下遗言曰："愿至尊享千万岁，天下康宁，死无恨也。"然后把武都王元戊叫来叮嘱，又遗言给太子，言辞哀婉，周围人嚎啕大哭，莫能仰视。乙弗氏亲手为数十位婢女落发剃度，然后自尽而死，时年 31 岁。死后儿子将她葬于麦积山石窟，"凿麦积崖为龛而葬，神柩将入，有二丛云先入龛中，顷之一灭一出，后号寂陵”。前夫文帝哀恸不已，在自己的陵寝完工时候留下书面遗言，要求乙弗氏与自己合葬。太子元钦（西魏废帝）继位后将父母合葬在永陵（陕西省富平县留古乡何家村大冢堡北）。那位郁久闾氏也没过上幸福生活，就在乙弗氏死后，她怀孕临盆，居于瑶华殿，听见狗叫，以为不祥。又看到一个盛装妇人来到面前，惊问何人，身旁侍者和医生却什么也没看到，莫名其妙。郁久闾氏认为是乙弗氏鬼魂前来索命，生下孩子后就一命呜呼了。

至于麦积山众多石窟哪个是乙弗氏安厝的墓室，根据研究，因其内有柩室、享堂、拜廊，目前学术界大多认为是第43窟。另外有学者还提出：麦积山第127窟应该是乙弗氏儿子为死去的母亲修建的功德窟。

◎不可错过　享堂　二胁侍菩萨

在享堂内的2身五代所塑胁侍菩萨，和麦积山石窟中大多数的胁侍不同，没有背靠窟壁，而是立于室内左右壁前低坛台前面。

右侧菩萨头梳圆形高发髻，花冠残存有小的圆形花饰。头向右倾斜，面形圆润，五官秀美。上身穿束领衣，外罩半

图 86　第 43 窟右胁侍菩萨　五代

图 87　第 43 窟左胁侍菩萨

臂衫，双手举于胸前，右腿略前弓。左侧胁侍菩萨束发髻，头向右扭。面庞饱满圆润，身着圆领小袖上衣，帛带自左肩至右胯斜披。身躯均向右微微扭动呈“S”形站立。上穿圆领窄袖短襦，下穿紧身长裙。腰间系围腰。胸部衣纹为凸起的旋涡状，微露肚脐，衣饰重叠交错，繁缛华丽。面部涂白粉，衣裙以石绿色为主（图 86、图 87）。

◎不可错过　拜廊　二力士

位于拜廊端的力士像，头戴小华冠，双目圆睁，袒露上

图 88　第 43 窟右侧力士（局部）

图 89　第 43 窟左侧力士（局部）

身，帔帛搭于双臂，向身后飘扬。腰系战裙，双带于腹前作结下垂。腕戴环，脚戴镯，赤脚跨步。右侧力士鼻孔大张，双唇紧闭，左手拄金刚杵。左侧力士口大张，上半身向右前倾，右手横举于胸前，左手执金刚杵。2 身塑像极具张力的动态，加上夸张的肌肉塑造，将那种强悍无畏的气势表现得淋漓尽致（图 88、图 89）。

第 44 窟　美哉佛陀　皇后寄托

麦积山第 44 窟位于东崖西部，四角攒尖顶窟。现存一佛二菩萨一弟子。正壁龛内的阿弥陀佛，顶作旋涡纹高肉髻，面形方圆适中，容貌端庄润秀，双耳下垂，蛾眉凤眼，胆鼻小口，微微俯视，露出笑意。内着僧祇支，腰间束带并作蝴蝶结，外穿双领下垂袈裟，衣摆覆盖座前，一角搭于左肩。手作施无畏与愿印，结跏趺坐于须弥座上。衣褶为水波纹，繁复富丽，层次分明，舒畅自然。形象雍容大度，慈祥善良，和蔼可亲，是一个典雅婉丽的贵妇形象。造型完美无缺，手法概括洗练，堪称古代泥塑艺术之典范。人们往往将其和乙弗氏关联在一起，当时雕塑家在塑造这身佛时，是否以乙弗氏为原型，或带有寄托，我们已无从考释，但面对如此富于

人情味的塑像，是不是心里会不由自主地产生疑问：乙弗氏真的有这样美吗？（图 90）

左右胁侍菩萨头戴华冠，发披双肩。面容丰满，眉细而长，鼻梁高直，双目平视。颈饰项圈，肩搭帔帛，腰系长裙，跣足立于莲台上。其中左菩萨肩头有圆形饰物，胸部袒露。肩头帔帛裹双臂，并在肘外起翘，下垂帔帛在腹前交叉穿环并绕双膝上卷搭于双臂，左手提璧，右手屈指抚胸。右菩萨帔帛绕臂飘扬下垂，左手微屈提瓶，右手于身后携带。二菩萨塑造技艺精湛，表情变化惟妙惟肖，是一对美丽善良的年轻妇女形象，也符合皇后侍女的身份（图 91）。

左壁弟子方圆面形，身披通肩袈裟，下穿长裙，双手合十，足蹬方头履。

第 59 龛　供养功德　千古留名

第 59 龛为摩崖题记，纵横各 2.5 米，凡 1200 余字。字如核头大小，楷体，极有功力。记述了宋景祐二年（1035 年）麦积山沙门惠珍及太原王秀，募捐钱物重妆塑像的功德主姓名及钱物数量等。字迹多已漫漶，录文如下：

□（麦）□（积）□（山）□（应）□（乾）寺重妆塑

图 90　第 44 窟佛

东西两阁佛像施主舍钱记……会来吴流金仙有缘之方震玉像依归之地资兴

……当山地秀山□□□奇物□（垒）横标胜寺耸石龛形

图 91　第 44 窟胁侍菩萨

叠云栈而千层高□（凿）

……真像瞰危峰而万仞化出仙贤实陕西植福之场乃陇右归投之地盖为

……梯之旷□间及多年□□（诗）□（之）□（后）全凭修塑□有当寺山主赐紫沙门惠珍坚心立志恳切倾诚□暮有缘同□盛事遂檀□纠

□（首）太原王秀等遍□白疏共集芳贤各舍蜻□（蚨）□摩臻当寺或妆塑

佛或助金簿祈弥勒下生之因缘求龙华弟（第）一之上会□（乞）

纪事□□□留名恐时代之迁流乃书凿而记后时景祐二年乙亥岁仲春月二十有一日记

……抄到钱一十贯五百文足　陇城县傅大郎赵大郎同行疏一道抄到钱一

……行疏一道抄到钱六□文省　长道县路仁遇行疏一道抄到钱一十五贯□百文足

……行疏一道抄到钱一十七贯五百五十文足□（和）金务边校书行疏一道抄到钱九贯二□（十）文足

□□□行疏一道抄到钱一十贯文足　乾涧口李荛行疏一道抄到钱四贯七百五十文足

塔尖□□□大郎王大郎共行疏抄到钱一十八贯文足

……奉□行疏一道抄到钱四贯一百五十文足

□□□□□郎共行疏抄到钱一十四贯文足　天水县高大郎行疏一道抄到钱八贯八百□（文）□（足）

□□□□□到钱二十一贯三百文足　□（甘）罕河王亮抄塑佛麻皮

□□□抄到钱二贯七百二十文足　杨二郎行疏一道抄到钱三贯六百文足

□□□抄到钱二贯五百五十文足　米谷寨杜延会行疏一道抄到钱一十一贯五百文足

□□□抄到钱三贯八百文足临□（金）务边福□行疏一道抄到钱四贯四百文足　麻皮

□□□□□□（行）□（疏）一道抄到钱七□（贯）二百一十文足

□□□□□□贯二十文足　□□□□大郎行疏一道抄到钱四贯二百七十文足

□□□□□□（抄）□（到）□钱五贯五百四十文足　任知□（发）行疏一道抄到钱六贯二百文□（足）

□□□□□□六百文足　□□城车大郎行疏一道抄到钱八贯文足

□□□□□□□（塑）佛麻皮一十秤　崖石韩秀石光李奉和共行疏抄到钱一十贯文足

□□□□□抄到钱九贯五百文足　乾涧谷李大郎行疏一道抄到钱一十六贯四百文足

□□□□□证□寿行疏一道抄到钱一十三贯五百五十文足

□□□……临□□□福显行疏一道抄到钱一十一贯一百文足　钉子六百箇（个）

□□……天水县□□谷□（王）□（逢）□（遂）行疏一道抄到钱九贯文足

……

1996年泥层剥落碎裂，虽经黏结修复，但字迹漫漶更为严重。从录文内容来看，主要罗列了在沙门惠珍及太原王秀等人的号召下，施舍钱物的人名和数量。由此，也让我们看到了1000多年前人们为了祈求人间幸福所付出的努力。今天，我们的文物工作者在保护和传承好传统文化的同时，定会将他们的美好愿望延续得更加长久。

第 62 窟　完备组合　传承创新

开创于北周时期的第 62 窟，位于西崖下部，是麦积山石窟保存最为完好的一个佛帐式平面方形四角攒尖顶窟，窟顶及四角有半圆形帐杆、帐楣、帐柱，正中及四角有浮塑圆

图 92　第 62 窟正壁佛与菩萨

形饰物，地面四周有低坛基。窟内正、左、右三壁各开一圆拱形半壁龛（图 92）。

正壁龛内坐佛顶作低平肉髻，方圆面形，鼻梁高直，与眉骨相通，嘴唇半闭，双目微睁俯视，显得慈祥敦厚。身着僧衣三重：内着僧祇支，腹部系带；中为对襟衣，于胸前系带作结下垂；外披袈裟，衣摆悬垂于座前。手作施无畏印，结跏趺坐。衣纹用粗放的压线及阴刻线表示，下摆褶襞塑制，有厚重感。左右壁龛内各有 1 身坐佛，顶作低平发髻，方圆面形，微微俯视。身穿圆领袈裟，手作禅定印，结跏趺坐于龛内。衣纹呈阶梯式，左右对称，简洁生动。

龛内共有胁侍菩萨 6 身，正、左、右三壁坐佛左右各 1 身。均体躯修长，面相丰腴圆润，束发戴冠，余发披肩，胸佩项圈，腕戴环，下穿翻腰长裙。其中正壁 2 身菩萨头戴宝珠华冠，肩搭帔帛，横于膝部上下各一道，并上卷绕双臂下垂。颈挂串珠左右各两行与帔帛相叠下垂，臂戴钏，跣足而立。左菩萨内着僧祇支，袒右胸，左手屈肘向前，右手执桃形物置于腹际；右菩萨上身全裸，左手屈指抚胸，右手置于腹前作执物状。左壁 2 身菩萨头戴高冠，肩搭帔帛，下垂横于膝前上下各一道，并上卷绕双臂下垂。左菩萨内着僧祇支，袒右胸，左手屈二指抚胸，右手下垂，足蹬方头履。右菩萨上身袒露，两手置于腹前，一上一下，其中左手在下持钵，跣足而立。右壁 2 身菩萨肩搭帔帛，横于膝前两道，并上卷绕双臂下垂，一手抚胸，一手下垂。左菩萨跣足而立，右菩萨足蹬方头履。

前壁窟门内左右 2 身弟子，方圆面形，前额有斑驳，五官清晰，抿嘴微笑。内着僧祇支，外披双领下垂袈裟，足蹬方头履，依壁而立。左弟子两手置于胸腹之际，左手向下抚腹，右手掌心向外，手指向上。右弟子右手置于胸部，屈指牵衣，左手屈指下垂。

三壁三佛这种组合形式从麦积山石窟创窟之始就已出现，如第 74、78 窟等，无论是后来的三壁两龛还是三壁三龛，包括造像也在逐渐变小，但三壁三佛这种组合形式一直存在。衣摆悬垂于座前，而且繁复厚重的这种做法，则出现于北魏晚期到西魏，本窟更多的是吸收了西魏的做法。菩萨的服饰和装饰，有较多北魏时期的元素。本窟内虽有 2 身弟子，但却将弟子置于窟门内侧，远离中间主佛，而以菩萨作为最接近佛的存在，也应当是秉承了北魏最早的组合方式，如前面提到的第 74、78 窟中都没有弟子存在，而是以菩萨作为主尊的胁侍，此窟则对左右两佛也增加了胁侍菩萨，无疑是新出现的一种元素。至于正壁龛内主佛身上袈裟这种怪异的穿戴，似乎又是前面几个时代的袈裟穿法的糅合。

塑像的特点，除了表现阳刚之气外，还可以明显看到古代艺术家在同一题材的造像中，应用不同的表现手法来刻画不同人物的性格特征，并有着不同的审美追求。比如：这两尊菩萨，同是关陇土族的形象，却一个文雅、一个刚健。左侧菩萨的璎珞、飘带呈弧线状摆动，薄裙上的阴刻线条和微扭的身姿、浑圆的面庞、宝冠等，也都呈弧线状。这种以弧线为主的表现手法，使菩萨温柔、亲切的特征得到了充分的体现。然而右侧的菩萨在表现手法上则与左侧菩萨截然不同，菩萨直立平视，裙带作垂直的流线，特别是那匀称的阴刻竖线和方正的头部以及向上直插的花冠两角，恰到好处地刻画出菩萨端庄典雅、刚毅肃穆的特征。造像形象的改变，也在告诉我们当时的审美思潮已经发生了变化，由崇尚南朝秀骨清像、繁缛复杂，转而为崇尚男性粗犷孔武的阳刚之美。南朝浮靡与奢华的弊端全然尽显，昭示着一个新时代的来临。

第 74、78 窟　皇家造像　神佛之美

◎不可错过　窟内　佛及胁侍菩萨

第 74、78 窟均位于西崖东下部相邻的同一层栈道上，

图 93　第 78 窟正壁上部

图 94　第 78 窟正壁和右壁佛

相距不远，且形制相同、大小相近，均为平面方形大型平顶窟。窟内三壁前凿一“凹”字形高坛基，其上背依正、左、右三壁塑 3 身坐佛，正壁佛左右各有 1 身胁侍菩萨。正壁左右两侧上部各开一圆拱形小龛，龛内塑交脚和思惟菩萨及其胁侍菩萨。造像艺术特点也相同（图 93）。

两窟内坐佛均体形高大，长面方形，顶作水波纹高圆肉髻，双目平视，眼睑凸出，大耳下垂。鼻梁高直，通于额际，不露孔。肩宽腰直，内着僧祇支，有方格图案，斜披袈裟。双手置膝上，前后相叠，拇指相对，作禅定印，结跏趺坐于高坛基上，下肢裹于衣饰之内。身后浮塑莲瓣形通身大背光（图 94）。第 74 窟正壁左侧胁侍菩萨面形方圆适中，双目平视，眉骨微隆，眼角细长，鼻梁高直，且不露孔，双唇微闭，嘴角内陷。头戴华鬘冠，发披两肩。饰长耳坠，戴项圈、臂钏、腕环。右侧一身头戴仰月高冠，其正、左、右三面各为圆形花瓣图案，正面饰饕餮纹。面形方圆适中，双目平视，体躯修长。左手拈花抚胸，右手携带下垂，跣足立于半圆形低台座上，亭亭玉立，是一个华贵而健美的北方妇女形象。造像的衣纹为较宽的圆刀阴刻线，疏密相间，平直而贴体（图 95）。

佛所表现出来的高肉髻、水波纹发髻、高鼻深目、偏袒

图 95　第 74 窟胁侍菩萨

右肩袈裟、衣纹阴刻细密、健壮的体魄都带有犍陀罗造像的特点，而袈裟边缘刻连续弧形折带纹以及衣纹勾连状的做法又和云冈第20窟的做法相似，可见对“平城模式”的影响。

◎不可错过　正壁上方耳龛　交脚、思惟菩萨

第74、78窟内，在正壁上方左右两侧，都有两个圆拱形小龛，其内分别塑交脚、思惟菩萨，其左右又各有1身胁侍菩萨。均高髻，头戴华冠，袒上身，颈戴项圈，下身着裙，帔帛绕身，坐于束帛座上。思惟菩萨头偏于右侧并以右手托腮，右腿抬起搭在左腿上，作思考状（图96）。交脚菩萨两脚下垂于小腿处相互交叉，双手在胸前相叠作转法轮印（图97）。一般认为思惟菩萨是释迦成佛前在菩提树下修行时的状态，交脚菩萨则是未来佛弥勒菩萨。也有人认为这两种状态的菩萨是文殊、弥勒，或都是弥勒菩萨。

图 96　第 74 窟正壁左耳龛

图 97　第 74 窟正壁右耳龛

◎不可错过 第78窟佛坛右侧 供养人

在第78龛内“凹”字形佛坛基右侧壁画供养人旁，原供养人前均有条形榜书题框墨书题记，多模糊难以辨识，尚可辨认的内容有：“仇池镇□（经）生王□□供养十方诸佛时”“仇池镇杨□□□养□□□□□”。根据仇池镇的设废年代，以及供养人身着改制之前的服饰来看，这些供养人很可能绘于北魏太武帝太平真君七年（446年）至孝文帝太和十二年（488年）（图98）。

《正法花经》卷六《药王如来品》云：“若族姓子族姓女。欲得供养十方诸佛。即当受持《正法花经》。”《法华经》是佛教大乘经典中被视为最上经，讲佛随众生不同根基因缘而别说三乘，实为一佛乘“会三归一”的教化思想。结合此窟有造法华经变像等，此处应该突出表现了供养人信仰大乘佛教思想及尊信《法华经》的教化思想。

此窟开窟造像有后秦、北魏早期之说，或北魏灭法后重修，即羌、鲜卑族，供养人为仇池人重修，即氐族。这也反映了此窟是多民族共同建修共存。

图 98　第 78 窟供养人题记

第 76 龛　发愿供养　时空无极

◎不可错过　正左、正右壁角下方　供养人

此龛位于西崖东下部，平面方形小型平顶龛，正壁上部左右有 2 个小龛，左右两壁各有 6 个小龛。塑像的题材源于《阿弥陀经》，以阿弥陀佛及其胁侍观世音、大势至菩萨为主。另有影塑千佛及供养人 16 身。阿弥陀佛顶作磨光高肉髻，细目直鼻，大耳下垂，嘴角上挑，颈长肩宽。手作禅定印，身着通肩袈裟，衣角搭于左肩，下摆覆盖双膝，呈三瓣式，结跏趺坐于须弥座上。衣褶呈阶梯式，较宽的圆刀压线和较细的阴刻线相间出现，细密而有规则（图 99）。右壁大势至菩萨头戴高花冠，发披两肩。面容娟秀，体躯扁平修长。上身袒露，腰肢微扭。胸佩桃形宽项圈，双边凸起。臂饰钏，腕戴环，长裙紧裹双腿，帔帛绕双臂飘扬下垂，跣足站于圆形台座上。体态婀娜多姿，神情庄重自然（图 100）。

窟后右下角的影塑女供养人原有 2 身，大小相同。其中正壁右下侧的 1 身为正面立像，头束花瓣形发髻，身着绿衫黄裙。右壁左下侧的 1 身供养人为侧面立像，蜗牛式的高发髻偏向一边，身着黑衫绿裙，黄色的披肩于胸前系带作结。

图 99　第 76 窟正壁

图 100　第 76 窟右壁菩萨

图 101　第 76 窟正壁右下方供养人

造型小巧玲珑，为浑厚淳朴的年轻妇女形象，极富生活情趣（图 101）。

◎不可错过　佛座前　题记

在正壁佛座前有一方墨书题记，被覆盖于表层白粉下，因白粉脱落后才显露出来，仅两行，字迹模糊不清，中央美术学院教授金维诺对其识读如下:“南燕主安都侯……姬……白前……后造……”南燕（398—410 年），十六国时期慕容氏诸燕之一，由慕容德所建，398 年建都滑台。统治范围包括今山东及江苏的一部分，国号为燕，先后定都滑台、广固。南燕的疆域并未延伸到陇，此处题记中提到的“南燕主安都侯……姬”供养了造像，南燕与后秦曾发生战争，南

图 102　第 76 窟正壁佛座前题记

燕兵败，姚兴将慕容德之母公孙氏与妻段氏等人扣押在后秦。慕容德死，慕容超即皇帝位，改建平六年为太上元年（405年），慕容超由于母亲段氏和妻呼延氏仍在后秦，于是在太上三年遣人聘秦，以慕容超称蕃并送太乐诸伎120人交换，姚兴还其妻女回国。此处的“南燕主安都侯……姬”中的安都侯可能是后秦对慕容超的册封。题记反映了这段历史，并说明供养造像是慕容德妻在后秦时所为（图102）。

第90窟　信仰力量　佛陀再现

第90窟是麦积山石窟早期开凿的洞窟之一，原造像无存，现造像为宋代重塑的三佛二弟子。中间主佛低平发髻，发中有肉髻珠，面相丰腴，双眼微微下视，眼梢上挑，高鼻与眉骨相连，唇为四瓣，结跏趺坐于方形台座之上，手作说法印（图103）。左侧弟子迦叶双眉紧锁，额骨凸出，面部饱经沧桑，双手握拳于胸前，一副虔诚而又老成持重的老僧形象，神情严肃虔恭，身姿挺拔，有一种超凡的智者形象。右侧弟子阿难面相稚嫩、眉目清秀，双手合十于胸前，神态端庄含蓄，给人以质朴无邪之感。左右二佛相对而坐，内穿僧祇支，外着双领下垂式袈裟，神情安详、静默。从其造型

图 103　第 90 窟正壁佛与弟子

来看，都具有很显著的宋代造像特征（图 104）。

首先，也许是重修时过于草率，或是出于节省功夫或者时间的原因，或是功德主和工匠出于我们今天难以理解的什么原因，在重塑造像时不但未对窟形进行改动，就连被损坏后的原来塑像的残痕也没有清理，就利用原来窟内的环境，对所有塑造进行了重塑，并将原来位于正壁主佛两侧的胁侍菩萨改塑为弟子。于是直到今天，我们在两身弟子身后还能看到原来塑像胁侍菩萨两侧飘飞的帔帛，其做法和现存北魏塑像中胁侍菩萨的帔帛极为相似。可见该窟的开凿要早于宋

图 104　第 90 窟正壁左侧弟子

代。其次，从保存较为完整的窟形来看，该窟形制为平面方形平顶窟，内有“凹”字形高台基。这一点和目前学术界认为属于麦积山石窟最早的第 74、78 窟等基本一致。最后，虽然宋代重塑时对窟内造像题材有所改变，但现存的三佛只是对原窟内 3 身佛的重塑，其所在的位置仍在原位，只是将 2 身胁侍菩萨变为了释迦佛的两个弟子迦叶和阿难，组合中人物身份虽有变化，但依旧是三佛题材，和麦积山现存最早的塑像题材保持了高度的一致性。而且，在北方石窟中，这种以三佛题材为主题内容的窟龛也不在少数，更是一直延续到了明清。如武山拉梢寺石窟、木梯寺石窟、西和八峰崖、庄浪云崖寺等。这说明佛教中的三佛信仰在我国北方地区一直存在和发展，虽有一些形式上的改变，但根本仍存，足见其影响力的强大和深远。

第 98 龛　又见大佛　西方召唤

在麦积山西崖，同样存在一铺三身的大佛龛。但和东崖大佛相比，却要早了许多年，开凿于北魏，经北周、五代及宋、元、明重修。造像为高浮雕摩崖石胎泥塑。内容为“西方三圣”，中间阿弥陀佛通高 13 米，脸形方圆，隆鼻大耳，

图 105　第 98 窟大佛与菩萨

图 106　出土的钱币璎珞

颈短肩宽，内着僧祇支，外披袈裟，赤足立于如意祥云之上，俯看着大千世界的芸芸众生。造像高大威严、神情庄重慈祥。左右两侧菩萨高 9 米。左侧观世音菩萨大部分已残毁，大家现在看到的就是石胎。右侧大势至菩萨基本完好，头戴火焰宝珠花冠，长发披于肩部，面形圆润，上身袒露，下系长裙，胸前垂挂谷穗花饰长璎珞，左手提桃形物于腹侧，右手持莲蕾举于胸前，赤足立于悬空云朵上，侧身向佛，面带微笑，神情温婉祥和。阿弥陀佛与胁侍菩萨似从西方而来接引娑婆世界众生。主佛两侧外延伸出的几根方形木桩，是北宋遗留下来的木构建筑残件，似正在向世人诉说着那些飘然远去的历史和曾经的辉煌（图 105）。

1982 年修复大佛胸部时，在佛胸部发现了幡状长璎珞，由 292 枚钱币穿成。钱币多为唐、宋、元铸造，宋代钱币较多（图 106）。

第 115 窟　纪年题记　艺术标杆

◎不可错过　窟内造像

位于西崖西上区的第 115 窟为平面方形平顶窟，窟内正、左、右壁前有低平台。三壁分别塑弥勒佛及胁侍菩萨，还有影塑佛 3 身、菩萨 4 身。

正壁弥勒佛顶作高圆肉髻，有阴刻细发纹。方圆面形，前额较宽，两颐略瘦，大耳下垂。眉宇高朗，双目半睁平视。鼻隆且直，与眉相接。嘴角内陷，微露笑意。下颏圆中见方。平肩，半袒胸。内着僧祇支，斜披袈裟，衣角搭于左肩。手作施无畏与愿印。结跏趺坐于须弥座上。衣纹用圆润的阴刻线处理，并在凸起的衣纹上加刻阴线一道，具有较强的丝绸质感。人物形貌虽显得慈善祥和，具北方民族朴实劲健特征的同时，又有南朝士大夫秀骨清像的风姿。塑像造型匀称，做工精细，手法熟练，是完全民族化的佛教造像（图 107）。

左、右壁胁侍菩萨，造型相似，均长方面形，高鼻无孔，双目平视，抿嘴微笑。头戴华鬘高冠，发辫自左右耳畔各分三绺下垂披于肩上。耳饰较长，垂于肩际。颈戴桃形宽项圈，袒胸露臂。斜披络腋，肩搭帔帛，绕臂飘扬，下着羊肠大裙。左手提瓶下垂，右手拈花抚胸，跣足站在圆形莲台上。体躯扁平修长，身材略有扭曲，神情温婉，姿态优美。阴刻衣纹圆润精细，增加了装饰趣味（图 108）。

图 107　第 115 窟正壁佛

图 108　第 115 窟右壁菩萨

◎不可错过　正、左、右三壁　六度等壁画

第115号窟现残存壁画2.2平方米。表层被后来刷了白粉，无重绘痕迹，原作内容清晰可辨。窟顶正中画一摩尼宝珠，一蟠龙围珠旋转，四周飞天环绕。

正壁主佛背光绘火焰纹及飞天一圈。左、右壁分别绘三方壁画，有一禅僧手捧经卷，坐于蒲团之上，或一楼阁，或一禅僧坐于结庐之中，或婆罗门，或仙鹤等共六方。表现佛经中所说的“六度”，即布施、持戒、忍辱、精进、禅定、智慧。左右壁影塑之间绘婆罗门、两翅人等，其内容为“须陀须摩王山中洗浴　遇飞翅鬼羯摩沙波罗”的佛教因缘故事，出自《僧伽罗刹所集经》。据《大智度论》卷四说：过去有一王名须陀须摩，守信用，不妄语。一日早晨乘车入园洗浴，出城时遇一婆罗门求乞，王允入园归来给以布施。在园中，有两翅王名鹿足由空中飞来，捉王而去。鹿足王所已有九十九王，现已凑满百数，准备食用。须陀须摩王不畏死而畏失信，求鹿足许以七日期限，布施婆罗门后即刻返回。鹿足应允后，须陀须摩王果然按期返回就死，并对鹿足说了信守实语宁舍身命的偈言，使鬼王顿时感悟，将百名王全部释放回国。

画面将出城、入园、婆罗门求乞及两翅鬼王等情节，绘

图 109　第 115 窟正壁佛左侧壁画

制于壁面彩塑之间，穿插有序，形象生动。鬼王形貌古怪，身躯枯瘦，肩生羽翼；两个婆罗门瘦骨嶙峋，衣不蔽体，是穷苦而机警的老者形象；奇花异草及仙鹤等，画得活灵活现（图 109）。

◎不可错过　佛坛座前　题记

本窟除正壁左侧上格壁画右侧上方墨迹榜书“比丘僧□□□□”“比丘僧慧□□□”，左壁外侧下格壁画内侧墨迹榜书“比丘道□……”等榜书题记之外，最为重要的是正壁佛座前的墨书开窟造像发愿文（图 110）：

图 110　第 115 窟正壁佛座前墨书题记

唯大代景明三年九月十五日□□遣上□（邽）镇□（司）

张元伯稽首白常住三宝今在麦积□□□

□□□为菩萨造石室一躯愿三宝兴

□（隆）法轮常转众僧□□无所□□身右愿国

祚永昌万代不绝八方偻负天人庆襄右愿弟

子所有诸师父母命之者神生兜率□面圣

尊□耳飡教悟无生忍右现先亡者愿使四大

康像六府□寿益二宜命不中夭右愿

弟子夫妻儿息现世之中众灾消灭百□吉□

常为国之良辅学者聪明□箧内列

诸典记□年□历代不移及一

切众生普同成佛

愿子孙养大愿是见佛

发愿文中的“大代景明三年（502年）”是麦积山石窟现存北魏时期唯一的开窟纪年题记，对研究麦积山石窟的分期断代具有重要的价值，该窟塑像经常被用作麦积山石窟北魏造像断代的标准。“天人庆襄，右愿弟子所有诸师父母命之者神生兜率□”反映了供养人愿求生弥勒兜率净土听所说法，未来随弥勒降生儴佉国龙华三会听法而得度。

第 121 窟　印心微笑　窃窃私语

◎不可错过　正壁龛内　十大弟子

第 121 号窟位于西崖西上区，平面方形覆斗式藻井窟，窟内正、左、右三壁各开一圆拱形壁龛，有浮塑莲瓣形龛楣。窟内现存泥塑一佛四菩萨四弟子二力士，及悬塑 8 身听法弟子和 1 身影塑坐佛。其中正壁主佛及前壁左右二力士头为宋代加泥重塑；左右二壁的菩萨原为坐佛，宋代改塑为菩萨头饰。其余均为原作。

正壁龛内左右二壁上部的小平台上悬塑听法弟子，这种做法为麦积山石窟现存洞窟中的唯一。原作共 10 身，左右壁各 5 身。左壁弟子面相苍老，额骨隆起，高鼻深目，下颏凸出，嘴角内陷，笑容可掬，表现出睿智、坚毅而虔诚的神情。右壁弟子面相较年轻，五官端庄，表现出聪慧而恭谨的神情。所有弟子服饰相同，均内着僧祇支，身披袈裟，屈膝而坐，衣摆覆盖座前。双手合十或一手置腹前、一手屈举肩头作施礼状。阴刻线衣纹流畅舒展，有柔和之感，下垂的弧形与下摆构成的曲线，富于流动感及装饰性（图 111、图 112、图 113）。

正壁佛座两侧弟子内着僧祇支，外披袈裟，足蹬云头履，

图 111　第 121 窟正壁龛内左壁悬塑弟子

图 112　第 121 窟正壁龛内右壁悬塑弟子

图 113　第 121 窟正壁龛内右壁悬塑弟子（局部）

躬身侍立，面带微笑，和蔼可亲，显得稚气可亲。

◎不可错过　正壁龛外左右侧　菩萨与弟子、菩萨与天王

佛祖说法，菩萨、弟子、天王等听众，在佛教造像中一般都表现出虔诚、恭敬、庄严、宁静及会心微笑等严肃庄重、喜悦祥和的神情姿态；但是在麦积山石窟的造像中，却多了许多世俗间人们的动作和姿态。当人们面对此窟中“窃窃私语”这两组塑像时，有一种不一样的佛教造像艺术所带来的体悟和感染力。弟子与菩萨、螺髻天王与菩萨，头靠头，肩并肩，仿佛在悄悄地耳语，弟子的双手手掌根部靠在一起，但是掌心却是分开的，似开似合的双手，又似听佛讲法到精妙之处，忍不住拍手称赞叫绝。在听佛法时突然有了极大的感悟，或者是受到了外界干扰，一时忘记了佛在上面讲法的严肃性，而迫不及待地进行私下交流、窃窃私语。菩萨、弟子和天王，细眯着双眼，动人的微笑已“绽放”了千年。窃窃私语的神态成了佛教艺术造像中最独特的情景。这两组人物的脸部表情，丝毫没有传统佛教造像中庄严的氛围，有的只是对世俗生活中自然情景的捕捉，形态生动、亲切可爱，使我们既感到佛国的美好，又深深被现实生活的多姿多彩所感染。虽然经历了1000多年历史的变迁和洗礼，站在这些

塑像前，我们似乎仍能感受到那个时代世俗的话语，甚至觉得我们仍能与他们进行某种思想、心灵的交流。这种民族化、人性化、世俗化的特征，是麦积山石窟跨越历史的艺术魅力之所在。凡看到这两组像的人们，无不为其匠心独运的构思、巧妙的组合、塑造技艺高超、形象生动逼真、充满生活

图 114　第 121 窟菩萨和弟子

图 115　第 121 窟菩萨和天王

气息又极富人情味的塑像艺术所赞叹，引起遐想（图 114、图 115）。

第 123 窟　高度概括　艺术魅力

◎不可错过　左右壁　维摩诘、文殊

第 123 窟位于西崖栈道最上层东侧，平面方形平顶窟，地面四周有低坛台，正、左、右三壁各开一圆拱形壁龛。窟内现存释迦、文殊、维摩诘、二菩萨、二弟子及供养童男童女等 9 身塑像，题材源于《维摩诘所说经》中的“文殊师利问疾品”，用泥塑的手法，将释迦在听说维摩诘居士生病后让文殊菩萨前去探望，见面后和维摩诘辩论佛法的场景表现在同一个空间之中。除了主尊外，区区几身菩萨、弟子、童男童女等形象的出现，让人不由得联想到中国戏曲中“两三步，万水千山；三五人，千军万马”这一高度凝练概括的艺术语言，同时也将佛教文化包容的心态体现得淋漓尽致。我们的先人在西魏时期就已经在纯熟地应用了。

前文，我们在第 4 窟欣赏了宋代塑造的维摩诘和文殊辩法的场景，在本窟再次和他们相遇，只是时空上却有了变化，西魏所塑造的辩法场景被从独立的空间移到了释迦的座前。

图 116　第 123 窟维摩诘

图 117　第 123 窟文殊菩萨

左壁龛维摩诘居士，头束高髻，额阔颐窄，双目微睁俯视，嘴角内陷，微露笑意。细颈削肩，身穿双领下垂式僧衣，结跏趺坐于方形台座上。右手伸五指举于胸际，左手自然下垂，置于膝上，并被衣饰掩盖。造型概括洗练，阴刻衣纹简洁流畅，表现出沉着稳健的性格特征（图 116）。右壁龛文殊菩萨束发戴冠，长方面形，五官端庄，低头俯视。细颈削肩，身穿交领僧衣，腰间束带作结下垂。肩搭宽博的帔帛，肩头有圆形饰物，结跏趺坐于方形座上。左手置于膝上，掩盖在衣饰之内，右手屈举于胸前，似乎正在阐述自己对佛法的理解。水波纹褶襞和稀疏的阴刻衣纹简洁概括（图 117）。

◎不可错过　左右壁前部　童男童女

此处最有趣的莫过于位于窟内左、右两壁前方的童男和童女了。童男头戴露顶毡帽，发辫歪向一边，生动别致。前额饱满，两颊略瘦，肌肤丰润。浓眉向上扬起，眯缝着的双眼平视，隆起的鼻梁直通额际，内陷的嘴角微微翘起，笑容满面。身穿圆领窄袖长袍，领圈粗壮若项饰，足穿圆头靴，笼袖而立，是一个体态健美、天真聪慧、憨厚淳朴的少年形象（图 118）。童女头梳双环丫髻，偏向两边。面容润秀，眉如新月，两眼微闭，鼻直有棱，嘴角内收，双唇半启，露

图 118　第 123 窟童男

图 119　第 123 窟童女

出甜蜜的微笑。身穿圆领宽袖衫，外着背带长裙，裙摆落地呈喇叭形，露出履头，一手下垂，一手携带。塑造了一个纯洁美丽的民间小女孩的相貌（图 119）。作品成功地表现了人物的年龄、气质和性格特征，个性鲜明，生活气息浓厚。两者的衣饰是当时北方流行的民族服装样式，简单朴素，美观大方。带有夸张的喇叭裙摆，烘托出女孩好动、好奇的特点。与不食人间烟火的菩萨相比，更多了一种清新脱俗的世俗味道。

第 127 窟　壁画殿堂　经变为先

◎不可错过　正壁龛　石雕造像

第 127 窟位于西崖栈道最上层西侧，平面横长方形大型盝顶窟，正、左、右三壁各开一圆拱形龛，为麦积山石窟现存壁画最多且最有价值的一个洞窟，约 99 平方米。除窟中佛座四周约 1.21 平方米为明代壁画外，均为北魏原作。内容丰富，形式完美，多为精品，进入其中，仿佛置身于北魏时期中国绘画的艺术殿堂。

正壁龛内为一佛二菩萨 3 身石雕造像，为雕好后移入。中间佛后有莲瓣形头光和舟形背光，为整块灰岩大理石雕成。佛顶作旋涡纹高肉髻，长方面形，双眉弯曲，耳大肩宽，眉间刻白毫相，手作施无畏与愿印，结跏趺坐于须弥座上。内着僧祇支，腰间系带作结下垂，外穿通肩袈裟，衣摆披覆座前，呈三瓣式，衣角搭于左臂。形貌和善慈祥，仪态雍容典雅。圆形头光中为浮雕莲瓣一圈，次为缠枝莲花一圈，最外有伎乐飞天一圈12身，上部正中有化佛1身。背光左右两侧有浮雕比丘各1身，散花飞天和供养飞天各4身。飞天的帔帛和裙摆向外飘扬，恰好又组成头光和背光的边缘常有的火焰纹图形，整体效果完美和谐。这些飞天构思巧妙、技法娴熟、雕刻精致、形象生动。其中头光中的一圈飞天最为精彩：12身飞天以上部的化佛为中心分列左右两侧，并相互对称，相向飞行，且有天花点缀其间。飞天顶束高髻，眉清目秀，身材窈窕：有的抬头挺胸，双腿后跷，动作不同；有的侧身扭曲，回首反顾，姿态异样，形成各种不同的曲线美。除1身手提飘带、1身手托供品外，其余均手持乐器演奏。有的弹箜篌，有的吹排箫，有的弹阮咸，有的吹胡角，有的吹陶埙，有的击钹，有的敲鼓，相互呼应，顾盼有神，构成了一幅美妙的天宫伎乐图。背光中的飞天，除两侧上部的2身飞天倒立并抬头向下飞行外，其余6身均为半蹲半跪姿势。所有飞天造型优美，巧夺天工，为北魏浮雕中的杰作

图 120　第 127 窟正壁龛内石雕佛、菩萨

图 121　第 127 窟正壁龛内石雕佛头光内的伎乐飞天

（图 120、图 121）。

二胁侍菩萨为独立雕刻，莲瓣形头光，内雕大小相同的莲瓣一圈。头戴五梁华冠，余发披肩。面容清俊，两眼半睁，微微俯视，露出笑意。体躯扁平，颈戴桃形项圈，下垂花饰。内着僧衹支，腰系长裙。两肩有圆形饰物，帔帛宽大覆盖双肩，至两肘处向外起翘。胸佩璎珞，叠于下垂的帔帛之上并与帔帛一起在腹前穿圆璧，然后向两侧分开上卷或搭于双臂，或系于腰际。一手屈二指举于胸际，一手提桃形璧置于腹侧，跣足站在圆形覆莲台座上。造型简洁明快，技法细腻精湛，动态优美自然，为北魏石雕精品。

◎不可错过　正壁上方　《涅槃经变》

正壁上部绘《涅槃经变》，面积 18.1 平方米。画面中间绘一佛二菩萨，左右有山水树木，似为佛说《涅槃经》的场面。故事自左至右展开，左侧依次画：释迦临终遗教；释迦仰卧在七宝床上，并为迦叶示现双足；人、天与巨禽、走兽来集，劝请；各国国王率众前来分舍利，在恒河之滨对峙。右侧依次画：各国人众为争夺舍利而展开的战斗场面；右上为浓密的林木围绕着的荼毗所，幡带飘扬，台上置舍利瓶 8 个；下画在众武士护持下舍利启运；用国王面向一覆钵形塔礼敬表现起塔供养；在这幅画的下部，则是浩浩荡荡、旗幡飘飘、戟矛如林的车骑行进场面。此幅壁画气势磅礴、形象生动，是全窟壁画的主体（图 122）。

图 122　第 127 窟《涅槃经变》（局部）

◎不可错过　左壁上方　《维摩诘经变》

《维摩诘经变》绘于左壁上方，面积 10.3 平方米。依据“文殊师利问疾品”绘制。画面主要绘“问疾品”。文殊和维摩分别坐在左右两侧的绿树丛中。左侧绘文殊，上有五彩缤纷的大华盖，后有数重圆组成的头光，旁有诸菩萨、弟子排列。右侧的维摩诘隐约可见头部，周围亦有众弟子。画面还绘了“方便品”中的国王、大臣和“香积品”中的菩萨形象。其中画面正中大树前显著地位的一身菩萨，形体高大，裙摆飘扬，左手掌盘，盘内盛饭食，右手扬起，是表现香积

图 123　第 127 窟《维摩诘经变》（局部）

佛应维摩诘邀请显化，向广大会众施“香饭”的情节。众菩萨和弟子站像清秀洒脱，风度翩翩，有顾恺之笔下洛神的风姿。情节组合巧妙，绘制技艺精湛，是早期经变画中的优秀作品（图 123）。

◎不可错过　右壁上方　《西方净土变》

《西方净土变》绘于右壁上方，面积 7.42 平方米，是我国石窟寺中现存时代最早、规模最大、内容最完备的一幅《西方净土变》。画面正中无量寿佛（阿弥陀佛）结跏趺坐于须弥座上，后有宝盖殿堂，前设高台栏杆，旁及树木，两边城阙高耸。佛左右分列观世音、大势至二胁侍菩萨；再两边各有弟子 2 身、圣众 10 余身虔恭侍立，有的双手笼袖，有的手托供品。座前正中置大型建鼓一面，上有莲花宝顶，两旁各有 1 身伎乐击鼓。再两旁各有 1 身伎乐，头戴华鬘冠，内穿紧身小袄，外套广袖对襟衫，腰系曳地长裙，舒袖起舞，体态轻盈，富有韵律感。再向两侧又各有 4 身跽坐的伎乐，手持乐器，正在演奏。乐器有笙、箫、竽、鼓及箜篌等。其中 1 身击鼓伎乐头戴华冠，身穿交领大襦，胸腹之际斜挎细腰长鼓，双臂张开，以掌拍击，逼真传神。横隔于壁面上下之间的石绿色带状水面，即西方净土的“七宝池”“八功德水”。其左右各有眷属圣众等徐徐走来。构图错落有致，线

图 124　第 127 窟《西方净土变》（局部）

描如春蚕吐丝，技法成熟，重点突出而又相互照应，是早期具有特别重要意义的杰出作品（图 124）。

◎不可错过　前壁上方　《七佛图》

前壁窟门上部绘《七佛图》，面积 12 平方米。以横列 7 铺坐佛说法图构成，每铺主尊后有圆形头光，结跏趺坐于须弥座上。左右各有二胁侍菩萨或弟子站于圆形莲座上，体躯修长，神情沉静肃穆。其左右又绘供养比丘数身，身穿各色服装，或手托供品，或笼袖而立，体躯形成扭动的曲线。身后的树木交干缠枝，笔力遒劲。衣饰、佛座、宝盖、背光等，多用青绿加墨色描绘，清新素雅。所画人物形神兼备，清新秀丽，极显魏晋之风，为当时人物画的优秀作品（图 125）。

◎不可错过　前壁下方窟门左右侧　《十善十恶》

前壁窟门左右两侧的《十善十恶》约 14 平方米。左侧绘“地狱变”中的“恶报”，烟熏甚重，隐约可见鬼差数身，其他内容不辨。有墨书榜题 10 余条，隐约可辨者 2 条：“此人生时好□□当堕刀山地狱”“此人生时好□□□□令入截臂地狱”。右侧绘“地狱变”中的“善报”，虽被烟熏黑，

图 125　第 127 窟《七佛图》（局部）

图 126　第 127 窟《十善十恶》（局部）

但建立的素华宫殿楼阁，隐约可辨。有 2 条墨书榜题十分清晰：“此人行十善得参道时”“诸天罗汉迎去时”。其下部绘庭院一座，轮廓分明，院殿前隐约可见许多人物。画中的飞天体态轻盈，随风飞舞；骑士荷胄贯甲，威风凛凛。其中一匹着甲红马采用夸张技法绘制，纵横驰骋，神态活现（图 126）。

◎不可错过　窟顶　《帝释天赴会》

窟顶的《帝释天赴会》图 6.2 平方米。在佛教中，帝释天是忉利天（即三十三天）之主。为了表现其王者的尊贵身份，中国佛教艺术中一般都借用传统神话东王公遨游太空的

图 127　第 127 窟《帝释天赴会》（局部）

现成样式。此画绘于窟顶正中。帝释天身穿袍服，端坐于四龙云车之上。前有飞天导引，上有华盖宝幢，旌旗飞扬，旁有诸天相随，后有乘龙羽人、仙人随行，还有 1 身人非人。画面虽较灰暗，但铁线轮廓仍然清晰，晕染的石青、石绿尚且鲜艳。笔法粗犷奔放，构图繁密，活而不乱，造型集夸张、变形、装饰于一体，以无数飘带及流云造成满天飞腾的磅礴气势，是早期浪漫主义的绘画杰作（图 127）。

◎不可错过　窟顶正、左、右三坡　萨埵那太子舍身饲虎故事

《舍身饲虎》绘制在窟顶正、左、右三坡的梯形内，面积共 10.4 平方米。依据《贤愚经 · 摩诃萨埵以身施虎品》绘制。故事说：摩诃罗陀国国王有三个王子，其中最小的名叫“萨埵那”。一日弟兄三人出游，三王子在林中发现一只母虎与七只幼虎因饥饿而奄奄一息，遂起悯怜之心，便以自己的血肉供饿虎舔食，使之起死回生。画面以出游、狩猎、饲虎、报信等情节为主线，用连环画的形式绘制在正、左、右三坡上。正面壁画剥落严重，从残存画面来看，为规模宏大的出行场面，应该是萨埵那太子舍身饲虎后，国王和王后及众人去深山寻探。左坡画一座大城，城内又有城，内城即

图 128　第 127 窟《舍身饲虎》

图 129　《回宫报信》

国王的宫城。外城城门有人马驰出，当系三太子出发游猎。画面下部有二骑飞速回城，为萨埵那舍身饲虎后，二兄迅速返回报信。城内的宫殿里，王者居中，官吏、侍者分列两侧，有人跪于阶下禀报。国王听到噩耗，立即晕倒，侍者赶忙扶持救护。右坡绘一座大山，山崖下绘虎群两组。其中一组中七只小虎围着一只大虎嗷嗷待哺，另一组中间隐约可见三王子的骨骸。山上画三王子跳崖，另一王子拦阻不及。山脚下，国王闻讯后，率领众人已经赶到。两坡画面基本包括了这一本生故事的主要内容，只因剥落、漫漶，未见最后起塔供养场面。壁画中故事内容和环境景物密切结合、构图巧妙、描绘生动，具有强烈的悲剧气氛（图 128、图 129）。

◎不可错过　窟顶前坡　《睒子本生》故事

《睒子本生》故事画绘制于窟顶前坡梯形坡内，面积 7.77 平方米，依据《佛说菩萨睒子经》绘制。经云：古代迦夷国有对盲夫妇，老年无子，欲入山苦修。菩萨投胎做了他们的儿子，名为“睒子”。盲夫妇有了儿子，淡忘了修行。睒子 10 岁时，恳求父母进山修道。盲夫妇随睒子到深山结庐念佛，睒子殷勤侍奉。一日，迦夷国王行猎到此，发箭误中身披鹿皮在泉边汲水的睒子。国王十分悔恨，向盲夫妇表示愿接他们进宫，养老送终。盲夫妇得知睒子中箭身亡，痛不欲生。睒子的至孝、盲夫妇的哀告、国王的仁慈，感动了天神。天神赐灵丹妙药，睒子起死回生；国王待他们情同手足，盲夫妇也重见光明。此画分左、中、右三段。左段是故事的开始，画迦夷国王进山狩猎，场面盛大。车乘高大华丽，随从浩浩荡荡。中段是紧张、激烈、快速的追猎，国王及随从纵马奔驰，周围鸟兽惊慌四散，其长度超过了左右两段（图 130）。道

图 130　第 127 窟《睒子本生·探望》（局部）

图 131　第 127 窟《睒子本生·追猎》（局部）

道条状的山峦犹如横向的格线，使一组组追逐形同竞赛，惊心动魄，平面静止的坡壁传达出强烈的运动感。右段为故事的主要矛盾冲突所在，紧凑地描绘了国王误射睒子，国王至盲夫妇住所，盲夫妇因睒子遇难而大恸，天神赐药，盲夫妇复明等复杂而连续的情节，场面生动、自然而富于戏剧性，增强了艺术感染力。画面将人物情节及山水等自然景观融为一体，布局合理，情节生动，主题鲜明，技法成熟，既是一幅美妙的长卷故事画，又是一幅秀丽的山水人物画，在北朝同类作品中是最优秀、最完备的艺术作品（图 131）。

第 133 窟　奇妙窟形　万佛一堂

◎不可错过　奇特的窟形

第 133 窟又称“万佛洞”或“碑洞”。五代王仁裕所著《玉堂闲话》云：“将及绝顶，有‘万菩萨堂’，凿石而成，广古今之大殿，其雕梁画栱，秀栋云楣，并就石而成，万躯菩萨，列于一堂。”冯国瑞《天水麦积山西窟万佛洞铭并序》云：“洞广阔数丈，环洞二十四佛，十八碑，碑高有五六尺者，多浮雕千佛，隐壁悬塑无数。”由此可见洞窟的建造规模和壮观：造像丰富，数量之多，造型艺术的多样化。因窟内多浮雕千佛，隐壁悬塑无数，《玉堂闲话》中称万菩萨，实乃佛，所以现称“万佛洞”；又窟内有 18 块造像碑，被称为“碑洞”。现为麦积山石窟中最大的洞窟。从其内部结构来看，复室叠龛，结构复杂。前部为宽大的横长方形享堂，后壁有两个平面竖长方形的内室左右排列，以窟门为中心向左右发散，这和我们常见到的平行并列不同。顶端也呈现不规则形状。两室之间以倒梯形的岩墙相隔，上雕大斗平托窟顶。虽起到了中心柱窟对窟顶的支撑作用，但并未将后部凿通形成中心柱的样式。窟顶大都光平，仅在前部正中凿半圆形“涡阙”，在其右侧凿覆斗形藻井。窟内依壁开龛，其中

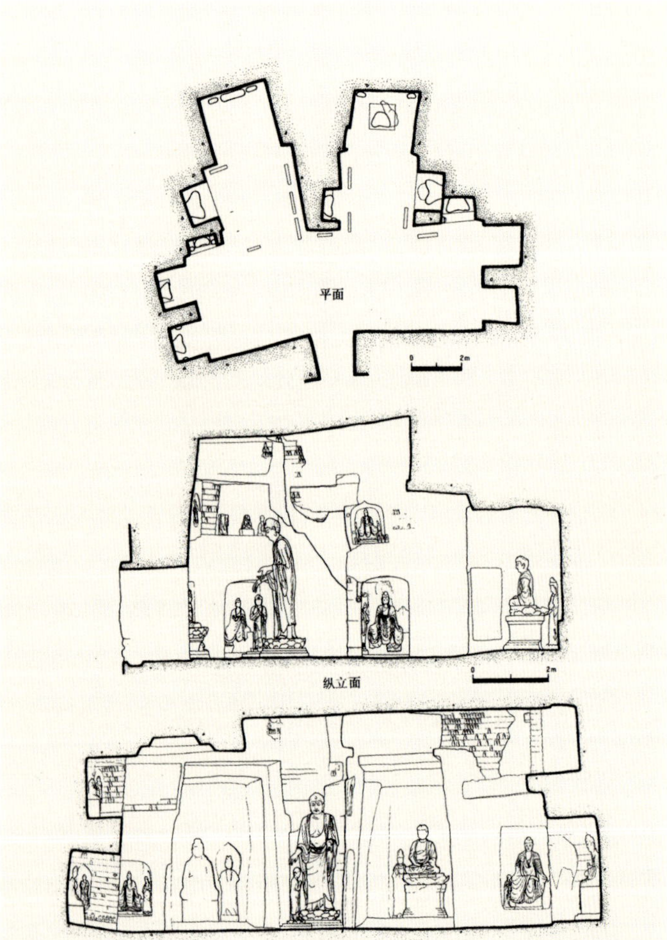

图 132　第 133 窟平面图

前堂左右各有上下两层。诸龛排列，除前堂左右各有 6 个较为对称外，其余多不对称，大小形状也不尽相同。诸龛多作平顶。共有大小佛龛 16 个，其中落地龛 7 个、壁龛 4 个（包括窟外上部附属龛 1 个）、叠龛 5 个。是麦积山最奇特的洞窟形制，窟内集中藏 18 块造像碑，是如何将其移入到离地面三四十米高的悬崖峭壁上的洞窟中，这本身就是一个奇迹，也给我们带来一个谜团。近现代受到国内外学界所关注，也有一些研究成果，但仍处在初步的探索阶段（图 132）。

◎不可错过　前堂右方及窟内壁面　千佛碑及影塑小千佛

窟内 18 块石刻造像碑中比较引人注目的是第 1 号造像碑，因碑上雕有千数以上的小坐佛，又称千佛碑。碑头为圆拱形，其左右中下部稍内收。碑身大致为长方形，但上部稍收缩，下部稍宽厚，形成不太明显的长方形。碑高 1.83 米，宽 0.59 米，厚 0.15 米。碑头高 0.41 米，下部面宽 0.51 米，厚 0.12 米。碑下部主体高 1.42 米，下部主体上沿宽 0.53 米，下沿宽 0.59 米，上沿厚 0.12 米。圆拱形碑头。正背面各凿一个龛雕佛及菩萨，碑身的前后左右密集雕刻千佛。正背面碑头上的佛高 0.23 米，立菩萨高 0.15 米，正面立弟子高 0.1 米，背面跪弟子高 0.085 米，千佛一般通高 0.04 米，佛单身

图 133　第 133 窟第 1 号造像碑

高 0.035 米。碑体四周满雕千佛，共计 1301 身。加上碑首上 2 身及 4 身菩萨、4 身弟子、1 只兽，总计 1313 身人物造像（图 133）。

碑头正面正中圆拱龛，有龛楣、龛梁和龛柱，龛楣为火焰形，楣正中雕一佛，圆形头光，着双领下垂袈裟，覆盖双手，结跏趺坐于覆莲台上。龛内雕一佛二菩萨。佛圆形头光，

图 134　第 133 窟第 1 号造像碑碑头

磨光高肉髻，面形长方，大耳，着双领下垂式袈裟，右手作施无畏印，结跏趺坐于“工”字形台座上。左右菩萨，莲瓣形头光，头戴瓣形花冠，宝缯下垂，发束垂肩，上身袒露，帔巾于腹前交叉上绕搭肘下垂，一手上举持花蕾，一手下垂提桃形器，跣足立于覆莲台上。龛外左右侧各有方形龛，龛中各立一身弟子，右手上举，左手下垂，右侧弟子下阴刻一棵大树。碑头左右侧面下部浮雕出层层山形（图 134）。碑头背面主体布局大致如前面，但龛楣素面无坐佛，龛无龛梁和龛柱；佛、菩萨、弟子着装、手势略有不同，龛外、龛楣下部坛基上的供养弟子为合掌胡跪向佛。还有碑头右侧山中雕出一头短腿细长尾下山兽的形象。

千佛大多为圆形头光，磨光肉髻，面形长方，双手作禅定印，覆盖于袈裟内，不露足，结跏趺坐。千佛袈裟有两种样式，一种为通肩袈裟，一种为双领下垂式袈裟。千佛头光上供养人墨书榜题，如“不住五尊”“某某□尊”“某某庄此”等。这块造像碑高不到 4 厘米，千佛千面，是麦积山石窟石刻造像中的精美作品之一（图 135）。

窟内壁面，从现存痕迹看原皆贴影塑千佛，现存 600 多身，集中在前室左侧上方。影塑佛，莲瓣形背项光，头作磨光高肉髻，着通肩袈裟，双手置于腹前作禅定状，结跏趺坐。

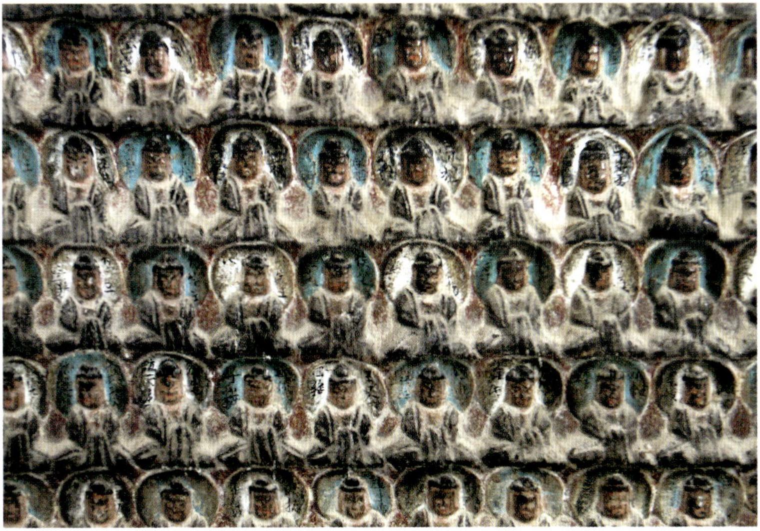

图 135　第 133 窟第 1 号造像碑上千佛

图 136　第 133 窟影塑

其中有元代补塑的几身佛，圆形项光，莲瓣形背光，头顶无肉髻，着袒右肩袈裟，双手置于腹前作禅定状，结跏趺坐于仰覆莲台之上。千佛图像在麦积山石窟早期以彩绘的形式出现，后虽有洞窟中壁面开小龛或不开龛塑贴小坐佛等，像此窟壁面满贴影塑千佛是北魏时期首创。为石窟寺北魏早期在窟龛壁面彩绘千佛后演变成影塑千佛的探讨提供了实物资料（图 136）。

◎不可错过　第 9 龛　永远微笑的弟子——小沙弥

麦积山石窟在《西北文化部完成麦积山石窟勘察工作，发现具有民族风格和高度艺术价值的雕塑和壁画》的报道中，对塑像和壁画作了高度的评价。第 9 龛一身弟子阿难，因面相稚嫩，俗称“小沙弥”。圆塑，身高 0.87 米，面容清俊，身体比例协调，内着僧祇支，外穿双领下垂式袈裟，衣角搭于左臂，左手牵衣角下垂，右手屈肘举于胸际，身躯微微前倾，站在龛底台座上，衣摆呈喇叭形，衣纹为稀疏的阴刻压线，塑造手法概括简洁。人物形貌既天真聪慧，又憨厚纯朴，完全是一个稚气未脱的英俊少年形象，生动逼真，惟妙惟肖，为北魏泥塑中的精品和最具代表性的雕塑之一（图 137）。

图 137　第 133 窟第 9 号龛小沙弥

年少的阿难，面露憨厚而又略带稚气的神情，俯首侧耳，似乎在专心致志地聆听佛的教诲；细眯的双眼，又好像在琢磨刚才的说教，而那深深刻印在他嘴角上，永远的会心而甜蜜的微笑，更像是领悟了佛法的奥妙，真可谓虔恭、脱俗、颖悟聪慧。而且其传神的造型，感染着每一个欣赏他的人。有人说：小沙弥就是“东方的蒙娜丽莎”，更被称为“东方微笑”。把他和法国巴黎卢浮宫油画《蒙娜丽莎》的微笑、柬埔寨吴哥佛像的微笑，并称为世界文化遗产中三处面带微笑的艺术珍品。远在1500年前，雕塑技巧便能达到如此出神入化的境界，确实令人赞叹不已。其实，在麦积山石窟塑像中，具有东方微笑特点的，还有第23窟和第44窟正壁主佛的微笑、第121窟正壁右侧胁侍菩萨与弟子的微笑、第123窟童男童女塑像的微笑等。这些佛、菩萨、弟子等塑像脸上都洋溢着甜美的微笑，既表现了佛陀的慈祥、心怀众生、普度教化的乐行，又展现了佛弟子们似聆听佛陀讲经说法的心灵颤动和赞叹，以及受到佛学哲理感染后由衷的愉悦与激情的合理表达，把美丽的心情和一颗感恩的心全部安顿在了恬适融融的微笑之中。

佛、菩萨、弟子等塑像，却像世俗的人，成为人们美好愿望的化身。塑像的体形和服饰也都体现出汉民族的特点，让前来朝拜的世人产生出来自故土的亲切感。难怪苏联雕塑家尼·克林杜霍夫参观麦积山时激动地说："麦积山石窟中，北魏和宋的雕塑在我看来是最引人入胜的。它们具有惊人的内心世界、极富表现力的构图和雄伟的形体。"

◎不可错过　前堂正中　释迦会见罗睺罗

窟内释迦佛与罗睺罗塑像是宋代补塑，佛高 3.1 米，罗睺罗高 1.44 米。这组造像以高度伟岸的释迦佛与矮小的罗睺罗结合，佛螺发髻，面形方圆，表情含蓄，内着僧祇支，外着双领下垂袈裟，立于莲台上。略低头，微向前倾，左臂平抬手势似花，右臂斜伸，手置罗睺罗头顶上方作抚摸状（图 138）；罗睺罗，旋涡纹发髻，脸形圆润，内着僧祇支，外着双领下垂式袈裟，双手合十，恭敬虔诚站在右侧前（图 139）。佛表情神态及栩栩如生的手势，流露出抚摸爱子的亲切感情，十分动人。造像形象优美、形神兼备，艺术水平很高，为麦积山石窟宋代造像的精品代表作。这组塑像，讲述了佛经中记载释迦牟尼出家前的妻子耶输陀罗，在释迦牟尼出家修道 6 年后生下了儿子罗睺罗。释迦牟尼深山 6 年苦修成道后回城探望其子，罗睺罗已长大，说当年他指腹为怀，并印证说他在众僧侣中，罗睺罗会直接走到他面前等佛

图 138　第 133 窟佛与罗睺罗

图 139　第 133 窟罗睺罗

传中的行迹故事。罗睺罗塑像为佛的形象，或许表示罗睺罗后来也跟随父亲出家为弟子，他本具有佛性，终将成佛的教义内涵。

◎不可错过　前堂窟顶　天人

窟顶原满绘壁画，东侧现存 20 余平方米，壁画的整体内容，由于其他部分严重脱落难以确定，在残存的壁画中表

图 140　第 133 窟顶部天人（局部）

现有山水树木、骑龙天人、骑虎天人、大鱼、花朵等内容。天人穿交领束腰长衫，骑坐于虎背之上，衣带随风飘扬。虎昂首向前，身躯舒展，四肢腾空，尾巴跷起，似快速飞行，周围飘着无数花朵，呈现出繁华、祥和、优雅的气氛。龙、虎均呈矫健奔腾之势，线条飘逸奔放。其中部分图案仅用土红色颜料作起稿线而未着色，为我们提供了研究古代匠师绘画步骤的依据（图 140）。

◎不可错过　前堂左方　第 10 号造像碑

第 10 号造像碑，圆首方形，通高 1.38 米、宽 0.78 米、厚 0.12 米。碑阳分上、中、下三段多格的布局构图形式，雕刻不同题材内容的经变造像，其中有：释迦、多宝二佛并坐，交脚弥勒菩萨，释迦佛表现的过去、现在、未来三世佛，维摩诘经变的文殊、维摩诘说法，及佛本生故事的燃灯佛授记，佛传故事的乘象入胎、诞生、剃度出家、树下思惟、降魔成道、鹿野苑说法、涅槃，等等。西北文化部完成麦积山石窟勘察工作的《报道》中特别指出：“其中北魏的造像和一三三窟的十号造像碑，特别生动，雕刻极为细致和稳健，保持了我国民族艺术的独特风格。”是北朝时期中国佛教造像碑中题材内容、情节众多，雕刻精美的造像碑（图 141）。

图 141　第 133 窟第 10 号造像碑

图 142　第 133 窟第 10 号碑《乘象入胎》

一、《乘象入胎》：造像碑中段左侧上格画面中，一头白象，翘着长鼻，四腿分成“八”字，象背上有座椅，装饰着璎珞珠宝，一身人物坐在背上，从天空飞行而降。象侧一人举旌旗飞扬，空中有乘鹤天人和众天人护随。流云、花朵空中装饰。这是表示净饭王妻子摩耶夫人夜梦白象入怀的佛传故事。在此碑的其他雕刻图像中得到了延续（图 142）。

据佛教经典记载：迦毗罗卫国净饭王有一位美丽无比、温柔贤惠、深得宠爱的妻子，叫摩耶夫人。一天，摩耶夫人沐浴洗澡后，就昏昏沉沉入睡了。睡梦中，忽见天空中有一乘白象缓缓而来，霎时周围光芒四射，鼓乐琴弦之声大作，天女们散花焚香，忙里忙外，一派喜气洋洋。白象降临摩耶身边，直接进入她的体内，随即白象忽然不见了，四周亦归于一片寂静。摩耶夫人从梦中惊醒，急忙把梦中所见所闻告诉了净饭王。净饭王和摩耶夫人心生恐惧，赶紧召专门从事占卜、算命的相师进宫解梦。相师听完摩耶夫人的详细叙说和净饭王的担忧后说："此梦是一个祥瑞喜庆之梦。因为天上的圣神降胎于夫人，所以会有此梦。夫人怀孕后将生产一个能够帮助人们解脱苦海和烦恼、拯救世人出于苦难的圣人。"听了相师的话后，净饭王和摩耶夫人都非常高兴，赏赐给了相师很多金银财宝，然后安心等待孩子的降生。

二、《树下诞生》：碑中段右侧上格画面中，右侧摩耶夫人手攀无忧树枝，太子头从腋下露出。左侧天空九龙喷水，下方太子一手指天、一手指地，立于盛开的莲花上。这些人物景象，表示太子树下诞生。又从这一经典场景中引出了"九龙灌顶"和"步步生莲"两个成语（图 143）。

释迦母亲摩耶夫人快到临产的时候，按照当时印度人的习俗，孕妇生产是要回到娘家去分娩的。于是净饭王让摩耶夫人的妹妹大爱道和侍女陪伴，回娘家天臂国善觉王家。但

图 143　第 133 窟第 10 号碑《树下诞生》

是到了娘家后，摩耶夫人等了几天不见动静，为了排解寂寞和无聊，就带着大爱道和侍女去宫中蓝毗尼花园游玩。这一天正是农历四月初八日，春暖花开，优美的景色让摩耶夫人流连忘返，不知不觉已经到了中午时分。当她们走到一棵枝繁叶茂的无忧树下时，摩耶夫人觉得腹中胎儿重似千斤，两腿都无力支撑。大爱道忙帮大口吞吐着粗气、疲惫不堪的姐姐用双手紧紧抓住无忧树下垂的枝条时，婴儿从她的右腋下生了出来，一落地便站立着。只见婴儿用两只白胖的小手揉了揉圆圆的大眼，睁开了亮晶晶的眼睛，迈开双腿向东、向南、向西、向北各走了七步，一手指天，一手指地，口中说道：“天上地下，唯我为尊。三界皆苦，吾当安之。”顿时在他的每个脚印上都长出了五颜六色、香气沁人、盛开着的大莲花。一时间天地感动，六臂天神自天宫而降，双手下垂，毕恭毕敬礼见太子；护世四天王与各种鬼怪神仙，还有凡间各方人士都来护卫礼拜着太子；天宫中歌女伎乐拥塞天空，天花飘落，载歌载舞，鼓乐齐鸣，娱乐供养着太子。平地而出七茎莲花，把初生的太子托起在莲花上。天空中祥云滚滚而至，九条龙盘旋在太子头顶，口中喷涌的九股龙涎圣水汇成两流清水。右边一股冷泉水，左边一股温热水，化作天雨，伴着香花，直喷太子，为其沐浴。九龙灌顶完毕，太子穿上熏蒸后的香衣，和摩耶夫人一起乘着天龙五彩銮车，由神兽狻猊和天人力士护驾，直接回到了迦毗罗卫国王宫。

三、《深山出家》：碑上段右侧画面中，高山峻岭上的树木花草鸟兽中间站立一人，右手捉发，左手举刀，正在断发。左侧对面刻有婆罗门 8 人，或坐或立，有的举手作礼，有的似乎交谈，除静坐者外，其余均面向站在上边正中的人物。在画面上边，两身飞天，向站在半山上的人飞来赞叹（图 144）。

图 144　第 133 窟第 10 号碑《深山出家》

悉达多（释迦牟尼）还是净饭王太子的时候，面对众生的生、老、病、死和世事的无常，为了解脱世间一切苦难，毅然决定放弃高贵的王位和奢华的生活，决定远离家乡进行修行。

一天半夜，他让仆人车匿从马厩中牵来了健陟马，和车匿一起乘马来到了城墙边。这时，四天王降临，托举起马的四蹄，腾空而行，逾城而出，直奔远方而去。主仆二人历经千辛万苦，翻越万水千山，终于来到了尼连禅河边。悉达多决定在此处进行苦修，并命令车匿牵着健陟马回到了王宫。他的父亲净饭王得知他已经在深山修行，见无法改变他的意志，在劝阻无效的情况下，只好从亲族、大臣中挑选出阿若、㤭陈如等五人陪他同行。

悉达多一边苦修，一边访问了许多著名的修行者，向他们请教修行法门，但都没有结果。后来悉达多找到一处僻静的处所，舍弃了宝马和华贵的衣衫，开始了艰苦的修行。悉达多身穿破衣烂衫，每天只吃一顿粗饭，并对自己的肉体实施种种苦刑折磨，以寻求度越“生死大海”的真谛。他的身体一天天消瘦下去，以致肋骨毕现、骨瘦如柴。

一晃六个年头过去了，悉达多的修行毫无结果。他只是越来越感到：人世间的所有烦恼，最根本的原因在于心地不净，而要清除人们心灵中的污垢，仅靠年复一年的苦修是根本不可能的。经过痛苦而认真的反思，他决定放弃这种毫无希望的苦修生活，便离开茅舍到河中洗浴，并喝下了牧女善生送给他的牛奶。

这时，就连一直跟随他的阿若、㤭陈如等人，见他又吃又喝，抛弃了原来赤贫苦修的生活，都认为悉达多这样做是背弃了原来的信念，不值得他们继续追随。于是，他们离开悉达多到别处继续苦修。而悉达多太子便来到尼连禅河畔的

图 145　第 133 窟第 10 号碑《降伏外道》

一棵菩提树下，经过多年的修炼和苦苦思索之后，悉达多终于在一棵菩提树下证悟大道，大彻大悟，修成正果，得道成佛。

四、《降伏外道》：碑中段左侧下格画面中，释迦佛在树下结跏趺而坐，周围众多人物或张弓引箭，或持刀剑，砍向释迦。左侧上中各有三个貌美妖娆的女子，和三个佝偻着腰的老妇形象，表示外道魔军用各种手段和方法来摧毁释迦道心。简略生动的人物形象和场景刻画了释迦降伏外道（图 145）。

释迦牟尼成佛前，在菩提树下坐禅悟道时，发誓“不成道、不起坐”。魔王波旬得知悉达多即将证道成佛，非常害怕，就想尽一切办法进行破坏。他先派出自己的三个美丽女儿，用淫欲女色引诱悉达多王子，消除他得道成佛的决心。三个魔女奉父命来到菩提树下，极尽妖娆惑媚之态，用她们的美貌引诱太子。但是，太子眼观鼻、鼻观心，苦思冥想佛道，不为所动。并以神通定力，使妖冶美艳的魔女变成了又老又丑的女人。魔女们相视自己的丑陋，悲泣掩面，怏怏败回。魔王波旬一见自己如花似玉的女儿们被悉达多太子变成了奇丑无比的妇人，勃然大怒。他亲自率领魔军，径直杀向菩提树下。波旬魔王抽出腰间利剑，对悉达多太子吼叫道："我先让你看看本魔王的阵势，然后用此魔剑砍杀你身体，将如挥剑砍折嫩竹一样。"言毕剑一挥，魔军蜂拥而至，手执刀枪剑戟、棒杵槌矛，身披铠甲坚革，面目狰狞恐怖。一些是象头马身，另一些则牛头蛇身，还有的鱼头蛇身、畜头人身、人头畜身，皆是身首异种、颠颠倒倒、张牙舞爪。一时间，群魔乱舞。其中魔将摩喉罗羸瘦细长，圆头方面，饿鬼般尖牙锯齿；其手执两根狼牙棒，声吼如雷，赤眉飘焰，仰鼻朝上，目光如电，幽光闪耀。鸠盘荼罗刹夜叉身形长大如山，脖颈则纤细如绳；其凤目金睛，龇牙咧嘴，银毛长鼻，腹圆肚凸，声如细女佳人，面似牛头恶鬼；赤身露体以长蛇缠身，眼耳鼻口中条条口吐红须的毒蛇，盘旋在悉达多太子面前。三魔将周围几千大小魔将魔兵，个个全副武装、甲胄披挂整齐，威风凛凛间可见杀气腾腾。毗舍遮伺命鬼金翅鲲头，豹眼星睛，口吐烈焰，身冒火烟，每一毛孔中都喷射着熊熊火光。见仍无效果，魔王波旬气急败坏，令众魔齐上：有的吐出口中长舌，摇动长刺利牙，欲咬悉达多；有的睚眦欲裂似猛狮，两耳尖利如铁钩，欲伤悉达多；有的张开巨大的血盆之口，摇曳硕大长舌，欲吞悉达多。但是，太子依然有天神暗助，威力无比。魔将魔兵掷向悉达多的长刀，自粘其手，投掷不出；砸向悉达多的大石悬在空中，不能落下。倾盆大雨般投向悉达多的剑、槌、戟、棒等，要么悬在虚空，要么坠落空地碎为百段。魔王波旬再施奇技：一魔将口吐无数毒蛇，急窜悉达多身边，欲毒杀悉达多，但突然僵卧难曲，游动不得；一魔将呼得阴风凄凄雷鸣电闪，顿时冰雹大如巨石从空中劈头盖脸而下，可落至菩提树时，化作绚丽香花朵朵，飘落悉达多周身；一魔将搭弓，同时射出利箭 500 支，可至悉达多前，纷纷扬扬自坠落地；一罗刹鬼手持骇人骷髅，在悉达多面前蛊惑凌辱，但总不能近其身旁；一夜叉两眼烈焰四射，火光冲天，想烧杀悉达多，可身似巨石压顶，既不见悉达多，又自己走动不了。最终，魔王波旬再也无计可施。这时，空中传来天神之音：“波旬小人不自量力，再大的风也是吹不倒须弥山的，你怎能撼动悉达多的诚心？快快

图 146　第 133 窟第 10 号碑《初转法轮》

罢手，再不得侵扰悉达多的佛心，否则叫你碎尸万段，永不得超生。”波旬惊慌失措诚惶诚恐，急令魔军偃旗息鼓，跪降在悉达多面前，以求饶恕。悉达多降伏魔军，众天神高歌赞叹，祥云彩虹升起，天花妙香撒落大地。

五、《初转法轮》（又称为“鹿野苑说法”或“鹿野苑初转法轮”）：碑下段右侧上格画面中，一尊佛在说法，在其座前两只小鹿昂头对卧以表示在鹿野苑说法，空中有天人前来听法（图 146）。

释迦牟尼成佛后，他的世界一片平静、明亮。周围微风习习，菩提树影婆娑，他起身向北，东西行绕树徘徊，独自享受了七七四十九天的解脱于苦海的快乐。但是，他看到世界上所有的生灵还依旧沉沦在黑暗和苦难之中，需要有人解救，向他们宣传自己证悟的真理，来解脱他们的痛苦，而不是仅有的同情和怜悯。

释迦牟尼即刻渡过恒河，日夜兼程赶到贝拿勒斯，在鹿野苑找到了昔日同伴、苦修的憍陈如等五人。望着仍在坚持苦行的昔日同伴，释迦牟尼决定让他们成为自己的第一批信徒。五人一开始将信将疑，听释迦牟尼叙述自己觉悟的经过，接受其传授佛法。释迦牟尼还向他们传授了“四圣谛”“八正道”和无常的道理。五人听罢释迦佛的论道，都豁然开朗，欣喜地接受了佛法，被释迦佛收为弟子。

鹿野苑初次说法、转法轮的成功，有了佛、法、僧三宝，为后来佛教僧团的建立奠定了基础，并逐渐发展起来。

六、《释迦涅槃》：碑上段左侧下部画面中，释迦佛涅槃卧于床上，身后几身披发悲伤的人物，佛头前一身背物的人，脚后有一身跪摸佛足的弟子（图 147）。

释迦牟尼成佛后云游四方、讲经布道、扶危济困。除了在印度讲经说法外，他的足迹还到过今天的斯里兰卡和缅甸

图 147　第 133 窟第 10 号碑《释迦涅槃》

一带。他和弟子们往往每日只进食一次，午后专心坐禅，黄昏时为人说法。不外出时，释迦牟尼大多居住在王舍城的竹林精舍和舍卫城的祇园精舍。

这一日，释迦牟尼在祇园精舍，身披金色袈裟，结跏趺坐，面容显得苍老而平静。他对跟随在他身边的弟子阿难说："我觉得非常疲倦，该到了我不留一丝遗骸、永远从人世间逝去的时候了。我应该去到拘尸伽那的娑罗树林中死去。"于是，他们离城向北，沿着山麓前行。在毗舍离，释迦牟尼染上了重病。度过雨季后，向西北继续前进的路途中，释迦牟尼的病情更加严重了。在拘尸伽那河边，释迦牟尼洗了澡。释迦牟尼意识到自己的生命之火行将熄灭，就嘱咐阿难："我去后，你们不要为我的遗骸起塔供养，浪费精力。

你们要专心致志，积德行善，弘扬佛教事业。”阿难听后悲伤欲绝，眼泪潸然而下，又怕释迦牟尼看到自己的悲痛，急忙背转身走到大树后面失声痛哭。释迦牟尼让弟子们叫回阿难，围绕至自己周围说：“你们不要忧伤哭泣，我们往往都要与最亲近的人物分离。所有的事物都是要衰老灭亡的，这是不可抗拒的规律。你们要勤勉善良，拯救自己。我的生命终期已到，而你们来日方长。凡事要有自己的思想，要果敢坚定，时刻保持纯洁的心地。只要不知疲倦坚持佛法，就会度到光辉的彼岸，结束痛苦。”最后，释迦牟尼面带微笑逝去。拘尸伽那城的人们听闻此事，都赶了过来，甚至更加遥远的国家国王和太子大臣们都纷纷前来为这个圣人送别。

关于表现佛涅槃的题材，在麦积山石窟第 1、127、135 窟的造像和壁画中都能见到。佛教中的“涅槃”，并不是指人失去生命离开世间，而是指佛教徒经过苦修行善所能达到的人的最高理想境界：人们脱离了人生的各种烦恼和苦难，进入永无生老病死和轮回的极乐世界，是佛传故事中的最后一个情节。这一情节在敦煌莫高窟和佛经中还有更加丰富的内容。如：序品、纯陀品、先佛入灭、迦叶奔丧、佛现双足、佛母奔丧、密迹金刚哀恋如来、应尽还源品、释迦再生为母说法、金棺自举、弟子抬棺、外道幸灾乐祸，商办阇维（火葬）、香楼荼毗（火葬）、帝王举哀、罗刹盗舍利、八王争舍利、八王起塔等故事和情节。释迦牟尼的遗体被迎入摩罗国都郊外的宝冠寺，7 天后大弟子迦叶奔丧赶到，主持了火化仪式。火化后的释迦牟尼遗骨被称为“生身舍利”，摩揭陀国和释迦族等八国将佛舍利分为 8 份，各自拿回本国在其地建塔安奉。

但是麦积山石窟第 10 号造像碑上的内容却较为独特：佛母摩耶夫人一手抚佛头、一手放在佛胸部，表现了母子诀别时的痛苦心情。旁边一女子为释迦姨母，她那放在佛胸部的手似乎极力抑制内心的巨大悲痛，他的妃子则似失魂落魄，表情木然。佛头前站立着佛弟子须跋陀罗，因不忍目睹佛入涅槃，他身负干柴欲自焚先佛入灭；棺床下一弟子捧佛双脚跪在地上。这和我们在唐中晚期石窟中常见的佛涅槃后由十大弟子以及各国国王和王子围绕佛床举哀的场景并不一致。

七、《燃灯授记》：碑中段右侧下格中，右侧华丽的华盖下燃灯立佛，前面有一身用头发铺在地上且跪趴于地的人物；左侧一身站立的女像，手中持花，上方一圆形中有一头跪象，预示释迦佛未来世将乘象入胎（图 148）。

燃灯佛又名定光佛，又称定光佛授记。佛经中说：释迦佛的某一世前身，出生在一个很贫困的家庭，每天以打柴为

图 148　第 133 窟第 10 号碑《燃灯授记》

生，然后挑到集市上去卖。有一天，他到集市后，发现人们都在忙着清扫道路、洒水压尘，觉得很奇怪，疑惑的他便问路人："今日是有什么值得庆祝的事吗？"路人们欢喜地回答道："是啊，定光如来将来我们这里讲说佛法，教化大众，所以举国上下无不欢欣。"他听后心生欢喜，也加入了清扫的行列中。在干完活后等待佛陀的过程中，他又想着见一次佛陀不大容易，就想着能不能给佛陀送一份礼物，以表达自己的欢喜和敬意。但是自己又没有钱去买贵重的礼物，看了一圈，发现在路的旁边正巧有一个卖花的女子，因手中的钱仍不够买一束鲜花，于是便向这个女子说明自己的身份和意图，获得了一束五朵鲜花。在佛陀到来后，将鲜花敬献给了佛陀，随后与大家一起聆听佛陀讲法。佛陀觉得这个樵夫与佛法很有缘分，为了进一步试探他，在讲法结束后，故意施法下起雨来。一时间，暴雨滂沱，人们慌乱地四处乱跑，争相抢夺避雨的地方，弄得到处泥泞不堪。雨停后，佛陀准备离去，樵夫看到佛是光着脚的，而在佛陀将要经过的路上有一淤泥，害怕污了佛陀的双脚，于是趴在地上，用自己的头发铺地，让佛陀踏过。佛陀经过之后，遂为他摩顶授记："后九十一劫，你将成佛，于娑婆世界中拯济众生。"这段故事引出了"布发掩泥""借花献佛"的成语。

八、《阿育王施土》：碑上段左侧上方画面中，靠右侧刻娑罗宝盖下，一尊立佛左手在接受一个小孩站在另一个小孩身上敬献物的形象，表示阿育王施土。左侧一阔叶曲茎大树，树下刻一右手托腮、左手扶膝、半跏趺坐在束帛座上的思惟菩萨，应该表示释迦佛成佛前在树下冥思苦想时的情景（图 149）。

阿育王是古代印度孔雀王朝第二代国王，对佛教的发展传播起了很大的作用，因其对佛教所作的贡献，被佛教封为

图 149 第 133 窟第 10 号碑《阿育王施土》

转轮圣王。

据佛典所说：当年佛陀住在王舍城之外的迦兰陀竹林，有一天，他在对自己的弟子以及诸天人讲经说法结束后，带领众弟子前往王舍城进行次第化缘。佛陀所过之处，大地发生了六种震动。先是城里人不分男女老幼都对佛法产生了清净的信心，这种信心是不由自主的，是自然而然产生的，这是非常神奇的；然后整个城市上空都响起了悦耳的梵音，而且原本没人弹奏的乐器竟然自动发出了声音，那些珠宝也彼此撞击着，叮叮当当好不悦耳；更神奇的是当佛陀及众弟子进入城门的时候，前边的道路自然变平了，以前坍塌的墙还有那些硌脚的砂砾和尖锐荆棘、恶臭的粪都自动消失了；城里瘸腿、耳聋、眼盲、哑巴都好了，可以平稳走路、听见声音、看见东西、张嘴说话，他们高兴坏了，手舞足蹈；正在大呼小叫发脾气的人呢？这个时候无端地平息了怒火，变得温和起来，就连他本人都觉得奇怪；原本因为生活贫困愁眉不展的人呢？突然间得到了很多财宝，好像做梦一样。正当王舍城的民众倍感诧异的时候，佛陀身上便释放出了佛光，那佛光是金色的，但是亮度比千百个太阳还亮，照得整个城池通明，佛光所到的地方气候宜人，所有妖孽怪病都自动消失。这个时候，有两个孩子在街道上玩耍，其中一个是上族子弟叫德胜，一个是次族子弟叫无胜，他们用土围成一个微缩的王舍城，里面还有民宅和仓库。德胜说："我是国王，要在城中所有仓库中装上干粮！"无胜听了说："那我是你的第一大臣，我来负责将仓库填满。"说完他就用双手捧土将虚拟的仓库填满。德胜见了拍手说："太好了，城中百姓家家都有吃的，生活太幸福了！”无胜听了跟着拍手叫好。玩得正高兴，德胜觉得天地之间一片明亮，就站起来四处观望，然后对无胜说：“无胜啊，你快看啊，天地一下子亮了！”无胜听了也四处观看，说：“真的啊，怎么回事啊？”德胜看到佛陀朝自己这边走来，大声对无胜说：“听说距离王舍城不远有个迦兰陀竹林，有个得道的人居住在那里。我想是不是他呢？”他刚说完，佛陀和阿难就已经到了面前。看到佛陀，德胜升起了无限亲近感觉，从虚拟的仓库中搂起一捧土给佛陀，嘴里说着：“世尊，我叫德胜，他叫无胜，我们正在玩堆城游戏。我是国王，他是我的第一大臣。在我的治理之下，城中百姓吃穿不愁，生活多么幸福啊！这是我仓库中的‘干粮’。”他跪在佛陀面前，双手高高地将“干粮”举起，继续说：“世尊啊，您大慈大悲自觉成佛，您身有佛光，让那些不相信佛法的人对佛法生出崇敬和信仰。您利用佛法普度众生，大德笼盖天下，为了表示对您的敬仰，我特地将‘干粮’奉上！”同时，德胜内心发愿：“希望来生我能成为一国之主，功德天下第一！”想到这里，开始面对佛陀念诵供养偈。佛陀拥有无上智慧，通晓一切因果，他知道德胜已经发了正愿，心说：“德胜拥有最胜福田，必将获得最大最好的果报。我得接受他的布施，让他的心愿得以实现。”于是，佛陀接受了德胜的“干粮”，使他布施后感到快乐，从而种下他未来成为国王的因，就是后来的阿育王。无胜就是后来阿育王的第一辅臣罗提掘多。

佛陀看着面前两个天真无邪的孩童，露出了微笑。他这一笑让两个孩子更加快乐，便绕着他跳起舞蹈，佛陀的笑容随之更深了。跟在佛陀身边的阿难见此情形很不理解。佛告诉阿难：“布施讲究的是诚心，只要诚心，施主们布施给我们任何东西都能获得果报。这两个孩子布施的心非常真诚，我已经全部通晓，所以我说他们能有好果报！在我示灭100年后，这个孩子再次投生在花氏城，成为国王频头莎罗王的儿子，名叫阿育。再之后会成为阿育王，统一阎浮提成为转轮圣王。他还会得到我的舍利子，在全世界修建八万四千座佛塔，使得众生受到佛法庇佑。这就是他现在用这捧土布施给我获得的最大福报！”

阿难听了非常吃惊，说道：“没想到啊，诚心布施竟然能有这样的福报，从今以后我当勤于化缘，让更多诚心施舍的人获得善报！”

九、《二佛并坐》：碑上段中间画面中，在一个尖楣圆拱龛内，多宝佛和释迦佛对坐于同一个台座上，身后有大舟形背光。龛楣有两条回首对望的龙尾部相连托于背上，中间 1 身禅定印的结跏趺坐佛，两侧各有 3 身跪拜的菩萨（图 150）。

释迦、多宝二佛并坐造像依据的是《法华经 · 见宝塔

图 150　第 133 窟第 10 号碑《二佛并坐》

品》中描绘的一个场景。佛经上说："尔时佛前有七宝塔，高五百由旬，纵广二百五十由旬，从地涌出，住在空中……尔时佛告大乐说菩萨：此宝塔中有如来全身，乃往过去东方无量千万亿阿僧祇世界，国名宝净，彼中有佛，号曰多宝。其佛行菩萨道时，作大誓愿：若我成佛、灭度之后，于十方国土有说《法华经》处，我之塔庙，为听是经故，涌现其前……于是释迦牟尼佛以右指开七宝塔户，出大音声，如却关钥开大城门。即时一切众会，皆见多宝如来于宝塔中坐师子座，全身不散，如入禅定。又闻其言：善哉善哉，释迦牟尼佛快说是《法华经》，我为听是经故，而来至此。……尔时多宝佛于宝塔中，分半座与释迦牟尼佛，而作是言：释迦牟尼佛，可就此座。即时释迦牟尼佛入其塔中，坐其半座，结跏趺坐。"根据这段描述可以知道，释迦、多宝二佛并坐像所再现的是释迦牟尼在灵鹫山说《法华经》时的瞬间情景：他进入七宝塔中，与多宝佛并坐于狮子座上。

十、《交脚弥勒》：碑中段中间格中，华丽的幔帐下雕一尊头束发戴花冠，身内着僧祇支，外帔帛腹前交叉上绕搭肘下垂，手作说法印，下着裙，双腿交叉的弥勒菩萨，及左右胁侍菩萨，幔帐顶上雕6身飞天。这幅图像体现了《弥勒上生经》等相关弥勒的教化思想内容（图151）。

图 151　第 133 窟第 10 号碑《交脚弥勒》

弥勒菩萨，又称慈氏。佛经中说：生于南天竺婆罗门家，与释迦牟尼是同时代人，后随释迦出家，成为佛的弟子，他在释迦入灭前先行入灭，为一生补处菩萨，生兜率天宫内院，为诸天说法。释迦佛曾授记说：在他涅槃后五十六亿七千万年，弥勒降生娑婆世界，长大出家、修道、成佛，在龙华园龙华树下三次说法，度有缘众生。弥勒菩萨未来降生的国度是大地平整、风调雨顺、物产丰收、果实甘甜、树上生衣，房屋宫殿也法化而成，地产各类宝物，随手可得，人民无有灾难，人寿八万岁，社会安定和乐等美好景象。因弥勒菩萨是释迦佛后的未来佛，所以又称弥勒佛，佛教造像中又造弥勒佛的形象。

十一、《三世佛说法》：碑下段中间格中，龛中一尊着双领下垂袈裟，结跏趺坐在坛座上作说法状的释迦佛，左右胁侍菩萨侧身向佛，侍立于下方一身夜叉手托的莲花台上。夜叉另一手托一身力士，双手举托龛柱，柱头上雕供养菩萨。龛顶两侧凤凰装饰，龛楣中缠枝莲花化生童子。龛楣左上方为莲花化生双身童子（图 152）。这幅图像表示释迦说法，从龛楣出现莲花化生来看，有关《无量寿经》十六观中所述往生的内容，应该又表示佛说西方极乐净土。此尊释迦佛与上方弥勒菩萨、释迦多宝佛，又组合成代表过去的多宝佛、

图 152　第 133 窟第 10 号碑《三世佛说法》

代表未来的弥勒佛、现在的释迦佛三世佛教化。

十二、《维摩诘经变》：碑下段左侧上格中，房屋内左侧一身着交领宽博袍，右手执扇坐在榻床之上的维摩诘居士，右侧作菩萨状坐在座上的文殊菩萨（图 153）。这幅图像表示依《维摩诘经·问疾品》而变相。维摩诘，又称毗摩罗诘、净名、无垢称等或后加居士、菩萨合称，或称金粟如来。经中说他是古印度毗舍离的一位富翁，家财万贯，奴婢成群，享尽人间富贵。但是，他勤于攻读，虔诚修道，能够处相而不住相，对境而不生境，得圣果成就，被称为大菩萨。这位

图 153　第 133 窟第 10 号碑《维摩诘经变》

大菩萨早已成佛，才智超群，擅长论道。一日在家示疾，释迦佛得知，派遣弟子去探望，诸多弟子知维摩诘深入佛法真谛，论变无方，才智无比，不胜担当而辞去，唯文殊菩萨深领维摩诘之意，担当胜任前去维摩诘处所问疾，众弟子随往，二人问疾时展开了诸多佛法的探讨和辩论，即《维摩诘所说经》。维摩诘是位佛教俗家弟子，既享受人间俗乐，又学佛修行，悟证佛法深义，自在解脱。这正是中国富商大贾、文人士大夫们争相模仿的学佛行径，所以受到极大的推崇，石窟寺造像也大量出现。碑下段左右侧下方中的金刚、狮子像，表示护持佛法。

第135窟　佛国天堂　艺术多样

◎不可错过　正、左壁龛内　佛、菩萨

第135窟又称天堂洞，位于西崖东上部，《玉堂闲话》云："自此室（第133窟）之上，更有一龛，谓之'天堂'，空中倚一独梯，攀缘而上，至此则万中无一人敢登者。于此下顾，其群山皆如培楼，王仁裕时独能登之。乃题诗于天堂西壁上曰……时前唐末辛未年登此留题。"

洞窟为平面横长方形大型平顶窟，前壁窟门上方有三个明窗，正、左、右三壁各开一莲瓣形壁龛。泥塑13身，其中有北魏泥塑8身，余为宋修。窟内地面左侧有石雕一佛二胁侍菩萨。

正壁龛内佛，高肉髻，长方面形，细颈削肩。内着僧祇支，腰间束带，外着双领下垂袈裟，衣角搭于左臂，手作施无畏与愿印，结跏趺坐于方形座上，衣摆下垂披覆座前，繁复重叠。左、右两侧胁侍菩萨，体躯扁平，贴壁而塑，上身微微前倾俯视。顶束扇形高髻，脖颈细长，两肩削窄。前额较宽，两颊略瘦，肩头有圆形饰物。双目半睁，嘴唇轻启，微露笑意。身穿交领三重衣，腰束带，外着帔帛披肩，衣摆落地呈喇叭形，足蹬云头履。其中左菩萨左手微屈下垂提桃

图 154　第 135 窟正壁龛内佛、菩萨

形器物，右手携带抚胸。右菩萨左手拈花抚胸，右手提带下垂。面容清秀，神情专注，表现出聆听佛法时的虔诚恭谨之状，是典型的“秀骨清像”造像（图 154）。

左壁龛内佛顶作高肉髻，面容清瘦，细颈削肩，上身微微前倾俯视。内着僧祇支，外着双领下垂袈裟，衣角搭于左肩，衣摆下垂覆盖座前，繁缛对称。手作施无畏与愿印，结跏趺坐于方形座上。左右胁侍菩萨，长方面形，体躯扁平，上身微微前倾，侧身向佛。顶作低平发髻，颈戴宽项圈，身穿通肩大衣，双襟在腹际相交，腰系带，肩帔帛，角翼然，下垂交于膝前。一手屈举于胸际，一手提桃形器物置于腹侧，足蹬云头履，站在台座上。面部略带笑意，体形有扭动曲线，显得活泼、亲切、自然（图 155）。

◎不可错过　窟内地面左方　石雕一佛二菩萨

一佛二菩萨石雕像，每件由一块完整的大理石雕成，石质坚细，雕刻精美，均属代表作品。圆雕立佛通高 2.41 米，为麦积山最大的石雕造像。头顶作旋涡纹高肉髻，面形方圆适中，双目微睁，鼻高不露孔，两肩较宽。衣饰三重：内着僧祇支，中着两襟系带作蝴蝶结下垂大衣，外着双领下垂袈裟，右摆搭于右臂。左手亮掌向下，作与愿印。右臂屈肘向

图 155　第 135 窟左壁龛内佛、菩萨

前，手已失，赤足站在圆形仰莲台座上。左手拇指与食指之间、手背与衣袖之间各雕莲蕾相连，构思巧妙，既起支撑受力作用，又有烘托装饰效果，毫无多余累赘之感。圆形台座下为覆钵形仰覆莲座，台、座之间以卯榫套合，其下又有长方形基座。莲座上部的仰莲，莲瓣较小；下部的覆莲，瓣较大，莲尖翘起，饱满圆润，形态逼真。造像衣纹深浅阴线并用，起伏不大，褶襞厚重，体积感强，雕琢技艺精湛，真实而自然（图 156）。

胁侍菩萨，原作头已缺失，现为宋人补塑。顶束高发髻，面容丰满。身躯及四肢均为北魏石雕原作。上身袒露，颈戴项圈，腕戴环，肩搭帔帛，长串璎珞在腹前交穿环上绕搭肘下垂，一手提桃形玉璧置于腹前，一手拈花屈举，下着长裙，跣足站在圆形莲台上。莲台下部为覆钵形仰覆莲座，二者有卯榫套合。雕刻精美，动态自然，肌理丰腴秀润，似有弹性，手指纤细，指甲清晰可见。璎珞晶莹饱满，经游人长期抚摸，包浆厚重（图 157）。

◎不可错过　正壁上方　《涅槃经变》

正壁上部的《涅槃经变》，画面正中绘一佛二菩萨，为释迦说法图。二菩萨较清晰，佛及其余形象模糊不清。左侧

图 156　第 135 窟石雕佛

图 157　第 135 窟石雕菩萨

图 158　第 135 窟正壁《涅槃经变》（局部）

画恒河，以及相对峙的多国国王和军队，依佛经所说为四种兵：象兵、马兵、车兵、步兵。下方画一辇，以准备载运舍利。右侧画争分舍利，色彩虽然模糊，但主要情节尚能辨认。据佛经记载：佛陀在拘尸那迦涅槃后，有八国王争夺舍利，时有一香姓婆罗门长者言，明争斗违背佛陀精神，便偃旗息鼓，共筑祭坛，将舍利分装八个宝瓶，八国王如愿以偿，各

得一瓶舍利而归。大部分画面绘争夺舍利的激烈战事，似以骑兵为主，披坚执锐，跃马冲锋，而步兵则各举盾牌抵御。右上方画荼毗所，其长方形祭坛上放置着分装舍利的宝瓶。右下方画护卫舍利的武士车骑行列，左右对称，浩浩荡荡。长期生活在战乱中的匠师们，发挥了高度的写实技巧，以切身体验，成功地绘制了这些军队人物和争战场面，采用和平

的手段规避战争，可能也是当时艺术创作者的一种心声。壁画色彩和谐，线条流畅，人物形象清秀潇洒，表现出中原传统技法和绘画风格（图 158）。

第 142 窟　满壁造像　佛国人间

◎不可错过　正、左、右壁　三世佛与菩萨、弟子

第 142 窟，是一个仅有 4.7 平方米的小窟，但从其窟内所塑造内容的丰富性来说，相比较第 4、5、9、127、133、135 等几个大型窟，却是麦积山石窟所有窟龛中表现题材最多的一个。该窟为平面方形平顶窟，窟内正、左、右三壁前作低坛基，造像位于坛基上。窟内主塑三世佛，并有菩萨、弟子、金刚共 8 身；另壁面塑像，现存影塑千佛、供养人及悬塑人物共 58 身。

三世佛：正壁释迦牟尼佛，有大型浮塑背光。顶作磨光高肉髻，椭圆面形，眉弯目细，颈长肩宽，胸部挺直饱满，手作施无畏与愿印。内着僧祇支，外着双领下垂袈裟，衣摆搭于左臂，结跏趺坐于须弥座上。衣饰贴体，用深浅不同的波折纹表现衣褶，用细密的阴刻线表现腿部轮廓。衣摆分四瓣下垂覆盖座前，繁复重叠，工整而又对称，装饰性强，整

图 159　第 142 窟释迦佛与左壁弥勒菩萨

体形象显得稳定而庄重。右壁弥勒菩萨，束发戴冠，长方面形，双目平视，鼻准高而尖且有孔。肩宽腰细，身躯挺直扁平。两臂屈肘向前，一上一下。颈戴项圈，内着僧祇支，外帔帛臂侧两角翼然。帛带与华丽璎珞自双肩搭下，并于腹前交叉上卷绕双臂下垂，下着腰束腰带打结长裙，双腿下垂交脚，坐于须弥座上。阴刻衣纹，流畅自然，造像有刚劲挺拔之势。正壁释迦佛、右壁弥勒菩萨与左壁迦叶佛组成过去、现在、未来的三世佛题材，表示了佛教法系的承传关系（图159）。

正壁佛胁侍菩萨，左侧的弟子阿难，头大额阔，两耳下垂，面容饱满，身躯壮实。内着僧祇支，外披袈裟。左手屈举胸前，右手置于腹际并掩盖于衣襟之下，跣足站在圆形台座上。为憨厚壮实的青年形象，正符合佛弟子阿难的年龄特征。细密的衣纹及水波纹褶襞，使形象平中有变，富有生机。而与之相对的位置，本该是弟子迦叶的位置，却是一身菩萨，顶束高髻，宝缯下垂，长方面形，内着僧祇支，外帔帛，两角起翘，颈挂长串璎珞与帔帛并下垂至腹前交叉。左手屈举，并于掌中托一影塑坐佛，右手提桃形璧下垂。造像体积饱满，神态虔诚大度。这和我们常见的释迦佛两大弟子经常对称出现的情况有所不同。佛左侧菩萨，右侧弟子胁侍，打破了佛两侧通常为二菩萨或二弟子的造像组合规范，是石窟造像中不多见的一种新的形式（图 160）。

◎不可错过　正左、正右壁角上方　猴头山、象头山

猴头瑞像悬塑于正左壁角上部。猴头右侧有一小鸟，象征灵鹫山，佛曾在此山说法。猴头向下，两耳向前，状如变形花瓣。头顶正中有蓝、黄二色两棵大树，树冠相连，上部有一尊结跏趺坐佛，表示佛在双树间说法。猴头两侧各有一浅龛，龛内有身穿袈裟的僧人正在坐禅。猴头之下，佛赤足站在圆形台座上为菩萨等说法，天人从空中飞来听法（图 161）。

象头瑞像悬塑于正右壁角上部。象头表示象头山，去灵

图 160　第 142 窟弟子阿难

图 161　第 142 窟猴头瑞像

鹫山以北三四里，佛曾在此说法。象头向下，大耳下垂，象牙伸出，长鼻上卷。象头左侧佛向右侧身而立，为跪在面前双手合十的弟子说法，身后有一身菩萨聆听。象之左耳畔塑一身结跏趺而坐的苦修僧人，表示山中修道。这一组猴头山、象头山佛说法等题材内容塑像结合在一起，在石窟造像中极其少见（图 162）。

◎不可错过　壁面　供养人

正壁右侧母子供养像影塑，表现一位雍容华贵的妇人携

图 162 第 142 窟[illegible]

子前往礼佛祈福的情景。贵妇头戴笼冠，长裙曳地，右手举灯，左手携子，体态丰盈，肌肤润泽。紧靠在身边的小孩，头部较大，身材较小，腹围裹肚，几无纹饰，流露出天真而好奇的神情；形体塑造仅突出了几个重要部位，下肢多被其母衣裙遮挡，简洁概括。贵妇衣褶多用垂直阴刻线，流畅自然，裙角的几道高出裙边的波折纹，显现出举步欲前、衣裙被风撩起的动势（图 163）。

右壁下部影塑女供养人，头戴笼冠，面相丰润，左手抚胸，右手向前微微下垂，身穿对襟宽袖长袍，身材匀称，腰肢微扭而立，亦为当时贵妇形象（图 164）。

关于本窟的题材内容，另有认为前述正壁与左右壁相交处的两组塑像并非猴头瑞像和象头瑞像，而是一组依据《大智度论》《五分律》等南北朝时佛典而塑的反映和表现教团世界长幼尊卑、恭敬供养次序的本生故事图像。

虽然我们今天已经无法明确探知当初开凿本窟的原意，以及窟内这么多不同类型的塑像到底是为了表现一种什么样的宗教信仰；但是，把如此多的人物和动物放在一个狭小的空间，并有序地排列到一起，一定是和功德主的信仰有关，还需要后来者更多地研究和探讨。

图 163　第 142 龛母子供养像

图 164 第 142 窟供养人

第 147 窟　汉化佛艺　秀骨清像

第 147 窟原为平面方形，三壁三龛窟。顶部应为平顶或套斗顶，现仅存正壁。佛螺纹高肉髻，长圆脸，弧眉细长目，鼻削且高直，口小唇薄，双耳平贴后颊。略低首，平视前方。细颈削肩挺胸，一手施无畏印，一手施说法印；内着僧祇支，腰际系带下垂，外着双领下垂式宽博袈裟，结跏趺坐于龛台上。衣裾下摆呈“八”字形三重垂于龛前，服饰上阴刻稀疏刚劲的衣纹线。整躯造像，神情恬静肃穆，体态轻秀挺拔，服饰厚重华丽，具有典型的秀骨清像的特点，是麦积山石窟北魏晚期最著名的精品造像之一（图 165）。

第 165 窟　世俗佛教　菩萨道行

◎不可错过　左壁　观世音菩萨

麦积山石窟第 165 窟被学术界认为是麦积山石窟早期代表性洞窟之一，始凿于后秦时期（384—417 年），平面方形平顶窟。窟内现存除正壁左侧上方、左壁上方 5 身伎乐天壁画残迹外，造像 5 身均为宋代重塑，正壁一菩萨二供养人，左、右壁各 1 身菩萨。

图 165　第 147 窟正壁佛

左壁观音菩萨，头束高发髻，戴头巾，巾角下垂于肩前，鹅蛋形脸，有白毫相，弯眉秀目，小鼻，四瓣小嘴，面含微笑，短颈宽肩，内着僧祇支，外披双领下垂式大衣，下穿短裙一端搭左小臂下垂，双手相交叠于腹前，赤足立于莲台之上。姿态优雅，神情端庄。这尊菩萨像头戴巾，眉间白毫相，静目，肩圆好，身端直，双手相叠似托物，手足柔软，足趺高好，根相称，服饰素面似白衣，妇人身等特征，皆与佛经中描述的观音三十二相好中的明显特征相切合，是宋代观音菩萨造像中的上乘之作（图 166）。

◎不可错过　正壁左右侧　供养人

正壁主尊菩萨两侧供养人，头束高发髻，戴花冠，鹅蛋形脸，柳叶眉，丹凤眼，悬胆鼻，樱桃四瓣小口，颈部刻有三道曲纹，上穿交领宽袖长袍，下着一袭曳地长裙，双手半握，似各执一物站在半圆形台座之上。佛教造像中，一般来说，无论佛还是菩萨，其胁侍通常是弟子或菩萨，或者供养菩萨组合。在这里，却直接塑造了 2 身世俗供养人作为菩萨的胁侍。这种组合的出现虽然有反常规，但是，既反映了佛教大乘菩萨道“发菩萨心，修菩萨道，行菩萨行”的菩萨思想教化，也拉近了佛教与普通百姓之间的距离，是佛教发展

图 166　第 165 窟左壁菩萨

到宋代后进一步世俗化，被社会底层各界所认可和接受的标志（图 167、图 168）。

第 191 窟　道行成就　化生金刚

石窟西崖出口附近有一个摩崖大龛，原开凿于西魏，宋代重修，为麦积山石窟少见的摩崖悬塑龛之一；造像组合也有别于其他洞窟，显得别致新颖。塑像采用了高浮塑、浅浮塑、圆塑、悬壁塑等多种塑造手法。大龛内现存造像 7 身，均为宋代重塑。正壁上部中央开一小型平顶龛，内塑一佛一弟子。佛头作螺纹高发髻，前有肉髻珠，内着僧祇支，外穿双领下垂袈裟，手作说法印，善跏趺坐于方形台座之上，双足各踩一覆莲台，表情肃穆慈祥。右侧弟子头微微侧向主佛，面部稚嫩可爱，跣足而立，虔恭之中不失灵动之气。龛两侧各有 1 身交脚菩萨，面部清俊秀美，低眉颔首，细颈削肩。上身单薄扁平，帔帛佩挂璎珞，下着裙，服饰厚重贴体，脚尖踮起作交脚状，姿态优美而高雅。从菩萨脸部脱落的泥层之下可以看到西魏原塑的痕迹。左右下角各有一尊狮子，颈系鸾铃，或昂首仰视，或侧首前视，后尾上扬，极具动态，雄武之中给人顽皮可爱之感，生动地再现了佛在兜率天为众

图 167　第 165 窟供养人（　）

图 168　第 165 窟供养人 2

菩萨讲法时的场景（图 169）。

最引人注目的则是下部正中的一身莲花中化生金刚，面形圆润饱满，怒目，浓密鬈曲的发须，凶悍而又狰狞。上身袒露，肚腹凸出，帔帛搭肩绕臂上扬，其双臂上举。化生的

图 169　第 191 窟

莲花盛开，莲瓣肥厚，充满张力，身两侧向外伸展出莲叶和两个莲蓬，上方交脚菩萨脚踩其上。造像构思巧妙，别具一格。不同于大多数石窟雕塑和壁画中所见的化生童子，而是别具匠心地塑造了一身化生金刚，难得一见（图 170）。

图 170　第 191 窟下方化生金刚

千年古寺——瑞应寺

在麦积山石窟以南 200 米处，有一座红墙灰瓦、古色古香的寺庙，这就是有着千余年历史的瑞应寺。该寺坐北向南，面积约 2500 平方米。寺内现存大雄宝殿、天王殿、东西配殿及钟鼓楼等建筑（图 171、图 172）。

据百卷本《法苑珠林》卷三十八记载：寺院为周穆王（前 976—前 922 年在位）所建，名曰灵安寺。此说法虽无依据，但也从另一个侧面说明这里建寺很早。现存《四川制置使司给田公据碑》记载：寺院东晋时名为无忧寺，北魏名为石岩寺，到了隋代，由隋文帝赐名为净念寺，唐代更名为应乾寺，宋代则因为进献灵芝，于北宋徽宗大观元年（1107 年）

图 171　瑞应寺

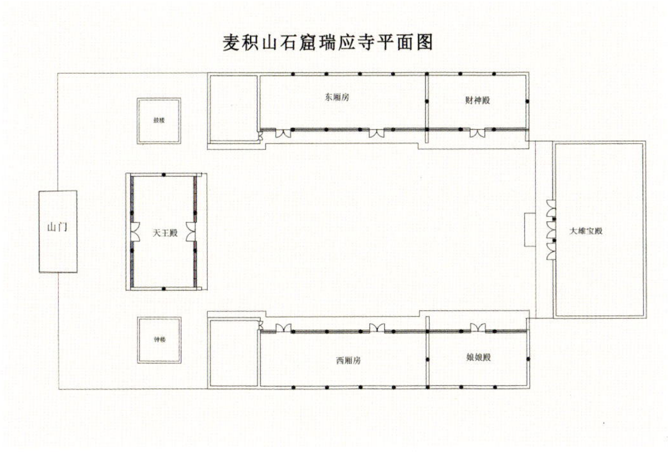

图 172　瑞应寺平面图

赐名瑞应寺，沿用至今。可见在麦积山石窟开凿之初，便有了寺院。

作为千年古刹，这里曾有无数高僧传经布道、开坛说法。有记载的历代高僧就有玄高、昙弘、法秀、重遇等。更有不少官宦贵族、善男信女不远万里跋山涉水来麦积山顶礼拜佛，布施供养。文人雅士竞相挥毫洒墨，留下众多诗篇及画作。

据现有文献记载：麦积山寺院规模最大时是在北宋神宗熙宁年间（1068—1077 年），神宗皇帝宣诏本寺得道高僧法秀（1027—1090 年，俗姓辛，秦州陇城人，时人皆称其为“秀铁面”或“秀铁壁”）到皇宫内为皇室讲演佛法，并赐名圆通禅师，还给寺院赐田 200 余顷以供养僧众，从这可以看出当时寺院的规模及僧众数量之众。至宋徽宗大观元年（1107 年）麦积山顶舍利塔旁产灵芝 38 颗，经秦州经略陶节夫进贡给皇帝后，当时的皇帝宋徽宗一高兴，给寺院赐名“瑞应寺”，并特许本寺建一为皇帝祈福延寿的道场，同时赐有御香、度牒等物，给予了很高的待遇。

今天所见的寺院建筑为明代后期所建，清乾隆八年（1743 年）和嘉庆二十五年（1820 年）对部分建筑进行了重修。

山门面阔三间、进深两间的悬山顶建筑，中间屋脊高于两侧，于中柱立门，开三门，分别称为空门、无作门、无相门，是“三解脱门”之意，其意为踏入此门，将会解脱多种苦难（图 173）。中门称为“空门”，故古代僧人出家也称为“遁入空门”。因古代佛寺多位于山林之间，所以第一道门也称为山门。门两侧有 1944 年罗家伦先生来天水游麦积山时为寺僧撰书的“行径千折水，来看六朝山”的楹联。

天王殿单檐悬山顶，前廊后室，面阔三间，进深两间，殿内原供奉四大天王。

钟、鼓楼位于天王殿两侧，均为平面方形单檐悬山顶两楼阁，东楼悬钟，西楼悬鼓。钟楼所悬之钟为明宪宗成化二十四年（1488 年）四月初一铸造，距今已有 500 余年历

图 173　瑞应寺山门

图 174　瑞应寺铁制大钟

史（图 174）。

东西配殿位于天王殿后庭院两侧，各 9 间，均为前廊后室单檐硬山顶建筑，北起第 1、5 间开门，其余开窗，殿内原有财神、三霄圣母等塑像。

大雄宝殿位于寺院北侧，坐北向南，单檐悬山顶。面阔五间，前廊后室，三壁围墙。明间及次间正面开门，整个殿宇雕梁画栋。后壁设坛基，原塑坐佛 5 身，左右山墙内现存

图 175　瑞应寺大雄宝殿

图 176　瑞应寺大殿壁画　左壁下层

图 177　瑞应寺大殿壁画　右壁下层

绘十佛八菩萨及诸罗汉（图 175、图 176、图 177）。殿前有清乾隆十三年（1748 年）铸造的铁香炉一对（图 178）。

西行高僧玄高

释玄高（402—444 年），凤翔万年人（今陕西阎良区武屯乡境内），俗姓魏，名灵育，又名世高，简称玄高，是北凉时期北方著名的禅僧。少年时，即有许多灵异的事迹。后进入北魏都城平城后，成为北魏僧人最早的领袖。在北魏太武帝毁佛事件中被谗杀，是太武毁佛的殉道者。玄高的生平事迹主要记载在释慧皎《高僧传》卷第十一《玄高传》中。

玄高生性聪明，出家后刻苦学习，进步很快，15 岁时便已能为山僧说法。满 20 岁受具足戒后，专攻律部，并潜心习禅。他听说著名禅师浮驮跋陀在石羊寺弘传禅法，特前往拜浮驮跋陀为师，旬日之中便熟练地掌握了禅法，博得了浮驮跋陀禅师的赞扬。后来玄高游方到陇西，隐居在天水东南八十里的麦积山，收徒授学，教习禅道。从他学习的僧徒多达百余人。长安的高僧释昙弘此时也隐居于麦积山，也以禅法为业。当时，西秦的乞伏炽磐占据陇西，称河南王。有一位外国禅师名叫昙无毗，来到河南王的境内，领徒立众，

图 178　瑞应寺铁制香炉

传授禅道。但因昙无毗的禅道相当深奥，陇右僧众前往学习的很少。玄高便去向他学习，很快又掌握了昙无毗禅法的精髓，并与自己原来的禅法互相融合，悟出了兼有两者长处的心得，昙无毗反过来向玄高请教。

河南王手下有两位僧人，深受乞伏炽磐宠信，权势很大。他们名为僧人，实际上全无僧人的味道，不守戒律，恣意胡为，百般猜忌，排斥学僧。昙无毗返回本国之后，他们二人便向河南王世子乞伏曼进谗言，诬告玄高蓄聚徒众，将要图谋不轨。乞伏曼听信了谗言，就要加害玄高师徒，幸亏乞伏炽磐不许，只是把玄高摒斥到河北的林阳堂山。玄高率徒众 300 多人来到林阳堂山，继续专心修习禅法。其中不少学徒学业优异，能够自如掌握禅法六妙门者有 100 多人，习禅之后具有神异功能者也有 11 人。弟子们后来分布各地，弘传玄高法门，对北方佛教特别是禅法的传播起了巨大的推动作用。

当玄高被摒斥之时，昙弘法师已往岷蜀传教。河南王要借重昙弘的高名，派遣使者入蜀，要把他迎回陇西。昙弘听说玄高被摒，决心替玄高辩明清白，于是不顾栈道艰危，冒险回到河南，当即说服河南王，请玄高回国，尊奉为国师，在河南国内大弘佛化。

后来玄高从河南来到凉州，受到北凉王沮渠蒙逊的优礼。玄高在凉州讲解禅学，连海西僧人都来学习，足见他在西北已被公认为禅学的宗师。北魏太延五年（439 年），太武帝灭凉，玄高应太武帝之舅阳平王杜超的邀请，与杜超一起回到魏都平城（治所在今山西大同市东北）。

凉州自张轨统治时期（301—314 年）以来，世代信奉佛教。其中心城市敦煌是西域入中国内地的咽喉重镇，接受西域文化很深，村村落落都有宝塔、佛寺，号称佛国。太武帝灭凉后，将大量凉州人迁徙到平城附近，凉州的僧侣和佛事，也跟着移植到魏境，大大促进了北魏佛教的发展。玄高以西北禅学宗师的身份，被北魏王公隆重请到平城，很自然地又成为正在勃兴的北魏佛教的领袖。但在北魏佛教迅速发展的同时，道教的势力上升得更快。

在最高统治集团中，太武帝崇道的倾向明显，太子拓跋晃却笃信佛教，奉玄高为师。其余王公、大臣有人崇道，有人奉佛，信仰也不一致。他们原有的权力斗争，因为信仰的不同，而更为加剧。太子晃的政敌向太武帝进谗言离间他们父子，太子晃受到父皇的怀疑，问计于玄高。玄高建议晃做金光明斋七日，借以禳除祸患。恰好此时太武帝拓跋焘梦见祖父和父亲责问他何故信谗，于是释疑，下诏令太子共参国政。不久，崔浩和寇谦之又对太武帝说：“陛下的梦，是玄高施法术造成的。太子与玄高协谋，事实已经暴露，如不除掉玄高，必定成为国家大害！”太武帝一听勃然大怒，立即下令逮捕玄高。凉州沙门慧崇此时也在平城，被尚书韩万德尊为门师，亦同时被捕，囚于牢狱。太平真君五年九月十五日，两人同时遇害，玄高时年 43 岁。

其实，玄高之死，其根本原因是沙门与统治集团之间的矛盾逐渐尖锐化的结果。北魏为了统一北方，巩固在中原的地位，以全民为兵。那时，由于沙门历来可以免除租税、徭役，国库收入和兵员都受到了较大的影响，所以锐志武功的太武帝就在太延四年（438 年）下诏，凡是 50 岁以下的沙门一律还俗服兵役。另外，他听了宰相崔浩的劝谏，改信寇谦之的天师道，排斥佛教，并渐次发展为灭佛的行动。太平真君五年春正月，又下诏斥责佛教“假西戎虚诞，生致妖孽”，勒令王公百姓不得容匿僧侣，已有私养或容匿沙门者限当年二月十五日前出首，过期不出，则沙门身死，主人阖门诛戮。至太平真君七年，终于做出了坑僧焚经、毁灭佛教的残酷之举。作为当时沙门领袖的玄高，首当其冲。玄高的死，只是太武帝即将在国内推行大范围灭佛事件的一个信号。

生于唐僖宗广明元年（880 年）、秦州上邽（甘肃礼县）人的王仁裕（字德辇），正处于唐末这样一个大分裂的时代。公元 905 年的秦州，李茂贞在杀掉凤翔节度使李昌符后，自己做了凤翔节度使，后又自封为“陇西郡王”“岐王”。王仁裕时年 26 岁，为李茂贞属下秦州节度使李继崇幕僚——秦州节度判官。从此开始了他的仕途生涯，先后在前蜀、后唐、后晋、后汉为官，官及翰林学士、户部尚书、兵部尚书、太子少保，其间，也演绎了他一生的文学传奇。《旧五代史·王仁裕传》：“有诗万余首，勒成百卷。”主要有《秦亭篇》《锦江集》《归山集》《入洛集》《南行记》《紫泥集》《华夷百题》《西江集》等共 685 卷，又撰《周易说卦验》3 卷、《转轮回纹鉴铭》22 样，诗、赋、图并行于世，著述之多，流传之广，唐以来少有其比，被时人誉为“诗窖子”。

五代十国时期，在中国历史上，可谓是一个乱世，诸侯王称霸，新旧藩镇割据四方，从中原腹地到四川盆地，从湖南两广至渭水流域，战伐之声昼息夜发，民众遭兵燹涂炭，流离失所……在王仁裕长达 44 年的宦海仕途中，虽历经几代朝兴朝衰，皇权数次更迭，但终因其以文名于当时，生活还算安宁，且以其文名一直游走于朝廷官宦之间，受到时人敬重，于956年（周世宗显德三年），以77岁高龄，终老于汴梁。

《题麦积山天堂》是王仁裕留存的诗中写作较早的一首，这也是他当秦州节度判官时的作品，诗曰："蹑尽悬空万仞梯，等闲身共白云齐。檐前下视群山小，堂上平分落日低。绝顶路危人少到，古岩松健鹤频栖。天边为要留名姓，拂石殷勤手自题。"诗从"万仞梯""白云齐""群山小""落日低""人少到""鹤频栖"六个角度描写麦积山巍峨险峻的自然景观的同时，也抒发了他登万仞山而小天下，期望大展一番凌云壮志的美好愿望。

庾信《秦州天水郡麦积崖佛龛铭并序》

庾信，南阳新野人，生于公元513年，死于581年，历南朝梁武帝至隋文帝初。父亲既是高官，又是誉满江南的大诗人，再加上庾信自幼天资聪慧，又兼家学濡染，自幼便博览群书，很快便有了文名。15岁那年应诏入东宫，19岁就成为抄撰学士。当时父子二人均在东宫，出入禁廷，当时帝亦好文，对之恩宠有加。42岁时庾信奉命出使西魏，魏帝早闻其名，直接扣押了他。庾信无奈，就在西魏做了官，并且慢慢地越做越大。南北朝少有安宁，又过了两年，北周代魏，又在北周为官。紧接着，陈灭梁。在他 63 岁时，南陈要求北周让其回国，北周武帝没有答应，断了他回乡的念头，直到 69 岁终老。

史载周明帝宇文毓、武帝宇文邕都很喜好文学，当时只有王褒与庾信文才相当，其余的文人，没有能比拟的。作为最著名的文学家，庾信因而受到皇室的特殊恩宠礼遇。他还和许多当朝权贵广为交结。北周公卿的墓碑墓志，大多拜托庾信撰写。由此，使其和麦积山结下了不解之缘。应秦州大都督李允信所托，在麦积山石窟第 4 窟竣工后，为其撰写了《秦州天水郡麦积崖佛龛铭并序》。关于其文刻石位置，《玉堂闲话》载："东阁之下，石室之中，有庾信铭记，刊于岩中。"但是现在已找不到了（该文被收集在庾信《庾子山集》中）。我们现在所见为明嘉靖四十三年（1564 年）重刻，位于甄敬诗碑碑阴，冯惟讷跋识，甘茹书丹。碑高 0.59 米、宽 0.87 米，首行刻碑题，碑文楷书，18 行，满行 45 字（图 179）。录文如下：

图 179　瑞应寺藏明代重刻《秦州天水郡麦积崖佛龛铭并序》碑

秦州天水郡麦积崖佛龛铭并序　北周庾信子山撰

麦积崖者，乃陇坻之名山，河西之灵岳，高峰寻云，深谷无量。方之鹫岛，迹遁三禅；譬彼鹤鸟，虚飞六甲。鸟道乍穷，羊肠或断。云如鹏翼，忽已垂天。树若桂华，翻能拂日。是以飞锡遥来，乘杯远至；疏山凿洞，郁为净土。拜灯王于石室，乃假驭风；礼花首于山龛，方资控鹤。大都督李允信者，借以宿植，深悟法门。乃于壁之南崖，梯云凿道，奉为王父造七佛龛。似刻浮檀，如攻水玉，从容满月，照曜青莲。影现须弥，香闻忉利。如斯尘野，还开说法之堂；犹彼香山，更对安居之佛。昔者如来追福，有报恩之经；菩萨去家，有思亲之供。敢缘斯义，乃作铭曰：

镇地郁盘，基乾峻极。石关十上，铜梁九息。百仞崖横，千寻松直；

阴兔假道，阳乌飞翼。载辇疏山，穿龛架岭。纠纷星汉，回旋光景。

壁累经文，龛重佛影。雕轮月殿，刻镜花堂。□镌石壁，暗凿山梁。

雷乘法鼓，树积天香。漱泉珉谷，吹尘石床。集灵真馆，藏仙册府。

芝洞秋房，檀林春乳。水谷银沙，山楼石柱。异岭共云，同峰别雨。

冀城余俗，河西旧风。水声幽咽，山势崆峒。法云常住，慧日无穷。

方域芥□，不变天宫。

兹山名胜，独冠陇右。其开刱之始不可考。而志籍所存，惟子山是铭□（最）古。观其图写山形，摽扬法界，事综理该，辞义典则，而碑版不传，遗文湮灭。乃命工伐石，刊置山隅，将以□之同好，俾后来者有所考焉。

子山，新野人，仕梁，累官右卫将军，聘于西魏。属魏师南讨，遂留长安。江陵□累迁开府仪同三司司宗中大夫。博学，工文辞，尤长于诗，有集若干卷传于世。

赐　进士出身朝列大夫河南布政司右参议前陕西按察司分巡陇右道佥事北海冯惟讷识。

嘉靖岁次甲子孟秋吉日。

赐　进士出身奉议大夫陕西等处提刑按察司分巡陇右道佥事甘茹书。

秦□□州许□重勒

北魏法生造像碑

在麦积山石窟艺术研究所的文物库房中，现存有一块残碑，通高 0.43 米、宽 0.37 米、厚 0.06 米。右下角残损，方额，上刻小浅龛一列 5 个，内有浮雕坐佛，无碑题，碑文 12 行，满行 12 字。碑文内容记述了洛阳刘姓沙弥法生在麦积山开窟造像之事。碑文载："沙弥法生俗姓刘，洛阳□（人）。"这句话给我们交代了沙弥法生的出身来历，其姓刘，原籍洛阳。在龙门石窟古阳洞中，有"景明四年十二月一日比丘法生造像"题记。据冯国瑞先生考证，麦积山残碑所记法生当与在洛阳龙门古阳洞内为孝文皇帝并北海王母子造像的法生为同一人。这也从另一个方面揭示了北魏时期秦州与洛阳之间已有了较为密切的人员往来。另外，麦积山石窟在北魏时已有了相当的影响，否则处于当时政治文化中心洛阳的僧人法生也不会跑到偏远的秦州麦积山来开窟造像，为皇帝祈福"□□叩愿帝祚"，这是麦积山石窟目前发现现存最早的碑碣（图 180）。录文如下：

大魏……

复□□言四照而……

□定若水月物感□□□□□　□□□（根）□（而）获利尘□□□□……

七息范□罗真容虽替□□□

化又沙弥法生俗姓刘洛阳□

也自慨进不值释迦初晖退□

蒙慈氏三会两宜中间逢兹季

图 180　麦积山石窟藏法生造像碑

运忝荷□□冥报贫□然出□（苦）

有由非善不济故肆力加功于

麦积崖造龛一所屈请良匠积

□（念）□（始）□（就）□（借）□（此）□□叩愿

帝祚

秦州雄武军陇城县第六保瑞应寺再葬佛舍利记

《秦州雄武军陇城县第六保瑞应寺再葬佛舍利记》现藏文物库房，为北宋靖康元年（1126 年）管勾僧立（图 181）。碑呈长方形，高 0.42 米、宽 0.75 米、厚 0.08 米，左端残缺。首行刻碑题，碑文楷书，16 行，满行 20 字。该碑记述了麦积山寺院始建年代及其历史沿革过程，如历代寺院名称、历时年代等内容都极为重要，而且有些内容已经得到印证。如最早寺院名为无忧寺，这和北朝期间麦积山就有高僧玄高“山学百余人”的历史记载相符，说明了麦积山的寺院在北朝时期就已建立，而且当时一定会有一个较为大型的佛教寺院存在，否则这么多的人到哪儿去住。隋文帝仁寿年间敕葬舍利，并建宝塔，寺院赐名净念寺；北宋又因敬献山顶所产灵芝被赐名瑞应寺等历史史实，也增加了该碑文内容的可信度。瑞应寺院的几度兴衰，尽在其中。寺院名称的更迭，在其后的《四川制置使司给田公据碑》中所列相同。

录文如下：

阿育王始初□（兴）建号无忧□（古）寺至我宋

乾德四年计二千年矣又至靖康二

年计一百□（七）十年昔西魏大统元年再

图 181　麦积山《再葬佛舍利记》拓片

修崖阁重兴寺宇至我宋乾德二年计

四百年又至隋文皇仁寿元年再□（开）龛

窟敕葬舍利建此宝塔赐净念寺至大中

二年有先师迴觉大师寻旧基圣迹构

精□（蓝）至乾德四年一百二十年及赐灵芝一十

一本其年一月内遍山花卉盛开继至皇祐三

年一百二十八年又元符元年災隳坏寺宇于建

中□（靖）国元年寺主僧智訷等再建宝塔又崇宁

□□□顶产灵芝三十八本丞□□（昨）同申州帅坐

□山图进产芝蒙恩改瑞应寺免

奖谕又至靖康元年管勾僧……

□彻净台四周地面……

□（日）请僧众及……

四川制置使司给田公据碑

《四川制置使司给田公据碑》现嵌于麦积山石窟瑞应寺院天王殿的后廊西侧山墙内。南宋嘉定十五年（1222年）立。通高1.63米、宽0.92米，方额。首行刻碑题，碑文楷书，46行，满行78字。首行刻“四川制置使司”六个大字外，碑额横排一行“四川制置使司给田公据”楷书大字。碑刻不仅记载了麦积山石窟的历史沿革，更是涉及军事、诉讼、典章制度、行政制度、寺院经济等多方面内容，具有极为重要的研究价值。碑刻内容叙述的是：南宋嘉定年间，有一支抗击金兵入侵而组建的农民起义队伍为铸造兵器和筹集军粮，将寺院中的大铁钟、铁锅、粮食打劫一空，致使寺中僧人生计艰难；与此同时，出于对金朝战争的需要，为满足军队粮

图 182　瑞应寺藏《四川制置使司给田公据碑》拓片

食供给，负责军队屯田的官员又将瑞应、胜仙两寺湫池一带的常住地拘为屯田，使寺中情形更加雪上加霜。于是寺院住持赐紫明觉大师重遇和胜仙寺僧智演便层层上诉。经由甘肃、四川等省千里迢迢，经过10多年坚持不懈的反诉申诉，长途跋涉来到杭州，将诉状递至户部，户部责成四川制置使司立案并解决此事，最后由四川制置使司判准退还，发给《给田公据》，并刻石立碑以记其事（图182）。从这块碑文的内容来看，体现了当时僧人们的无奈和卑微、社会的腐败，同时也体现了他们的爱国情怀。录文如下：

四川制置使司

契勘使司先于嘉定十四年三月内据何茂成忠申准使司指挥差委点检元管提振天□□□□□□□□□□□□□□即遵奉外湫池屯田内□□准嘉定十二年十二月空日四川制置使司｜劄子据天水军麦积山瑞应寺住持赐紫明觉大师重遇状昨赴　行在尚书户部陈已□□□□□□□□□□□□□部符下制置司及总领所给还今将　尚书户部符帖乞下案早赐给还施行□｜续承总领所公文已遵照　省劄指挥出给公据付瑞应寺僧重遇胜仙寺僧智演崇果院□□□□□□□□□□□耕种充逐寺常住施行外今请照会使司照得湫池一带屯田内有拘到瑞应胜仙｜两寺田土先来系元初措置屯田官李寔进武申根括待两

□田土开禧兵火以后并皆荒芜□□□□□□□□□前所收租利尽资非用乞拘没入官理作屯田耕种以用赡军准使司拘作屯田支｜钱措置耕种已经年其措置之初两寺僧人亦经宣司□□□□□乞行给拨赡养众僧宣司抽□□□□□□□□僧拨田百亩以充赡养续准　朝省指挥取会应管屯田亩自租□等使司亦已逐｜一具申　朝廷了当委是难以给还本司已于嘉定八年□□□□月十九日移牒总所照应□□□□□□□□状陈缴到部符指挥并总所公文使司照得瑞应寺乞给还田亩等事准户部符下｜本司令契勘如本寺系给赐田亩即与照祖给还今僧重遇所供止是邻保供称系给赐田产及□□□□□□□□□年间秦州陇城县所给公据只是蠲免非泛元无　朝廷给赐田产指挥今虽承总□｜所牒报已行给还却缘当来已系具申　尚书省并行在尚书户部□会外令即住行给拨仍旧拘□□□□□□付湫池一带措置屯田官准此一项于嘉定十三年五月初八日准宣抚使司指挥措｜置湫池一带屯田张忠信进义申此准随军转运司差委天水县簿尉王进义前来交拨麦积等寺□□□□□□上件田土拨还去讫乞施行使司照付元不曾行下随军转运司许将元拘收麦积等｜寺田土给还除已行□□□下随军运司契勘给还因依供申外所有种户成宪等借过本屯官种粮□□□□□百馀石缘今来二麦将熟未审令本屯拘收从旧应副支遣唯复拨付麦

积寺合布申|听指挥施行寻具呈□□□　司佥厅拟照得麦积胜仙寺田土已于开禧年间尽拘作屯田并申　□□□□□县给还指挥今据措置官申审收夏料指挥欲下屯田官何茂将合收两寺田土双料|自本屯拨付指定仓分送□□纳应副支遣戍兵口食取收附缴申外有种户□成宪借过本屯粮斛□□□□馀石并仰拘收椿管不许少欠呈奉安少保判行使司已于嘉定十四年三月初三日行|下何茂成忠遵从施行去讫今据天水军申　　准提　刑司判送下本军麦　　积山　瑞应寺住持□□□□□重遇状伏睹本寺继传名相历劫胜因群山围绕中间突起一峰镌凿千龛现垂万|像上下万仞中有三泉文殊普贤观音圣水万民　祈祷无不感应始自东晋　　起迹　敕赐无尤寺□□□给田供赡次七国重修　　敕赐石岩寺大隋　敕赐　净念寺大唐　敕应乾寺|圣朝大观元年于绝顶阿育王塔傍地产芝草三十八本蒙秦州经略陶龙图具表进上奉　敕改赐瑞□（应）□（寺）□□籴草诸般非泛耕率特许本寺开坛专一建置祝延　圣寿道场进奏功德疏□回赐|御香度牒又奉　神宗皇帝宣诏本寺得道高僧秀铁壁入内升座讲演宗乘　敕赐圆通禅师照得本寺□□□往给赐田土贰百馀顷供赡僧众先缘建炎绍兴兵火隔隶彼国三分之二止□有馀|□小山田伍拾馀顷昨缘开禧兵火之后于　　嘉定元年有忠义首领□□□□李寔强德张

钧等前□□寺搔扰钱物不满私意便行打劫本寺钟锅两件计铁壹万柒百斤及将本寺布种|二年地利部领凶徒各持刃器强收了当使本寺僧行数年无食迯（逃）散外方于嘉定二年及更妄申宣抚□□□作屯田重遇遂赴诸监司陈诉□大使司钧判照得李寔等强取麦积寺　麦苗耕|牛钟锅委是分晓合行勒令陪还下天水军去着准本军追到强德李寔等止陪得铁叁仟斤至嘉定七年□□□十一日再赴安抚司陈诉□前政刘安抚台判照得上件二寺田硙并系　给赐田土准|条不应作屯田便□□下拨还二寺依旧作佃牒总领所至嘉定八年三月二十四日准总领所坐准　朝□□□出给公据付本寺收执将前件田硙准此拘收耕种充常住施行不委□□□□信何|茂等贪盗官物□□再撰巧词妄申制置使司准于四月二十七日行下成州从实根究申准本州追张忠□□到官蒙送直司根究为见重遇□□□经天水军等田□有给到告示一件□□□□□|壹百勘断其本人觉知虚妄分晓却用银贰铤买嘱情节其成州官吏受情将词理一向灭裂曲法行移□□□实将田却判与屯田以此重遇□□□至　行在阙下告论准　尚书户部符四□总领|所主者详状如已经本所契勘即与照祖给还讫仍下屯田庄照会毋致再有侵扰准于嘉定十年八月十□□□下准使所于嘉定十一年十月廿二日遵从　朝省指挥准再给公据□本寺及下|天水军差雷　县尉前来交拨却

缘雷县尉与屯官雷安礼系兄弟以此迁延未曾交拨及金人侵犯大安□□□嘉定十三年正月二十九日再赴随军转运司陈□准台判牒天水|军照诸司指挥施行即令本寺复业趁春耕种免失地利于二月初四日准告示兼下天水军再行差委主簿□□来于四月十二日又拨□件田土令本寺截□□□□始□业见于二□□□本寺自|去年秋料收到地利为见　国家调兵未已遂将物斛尽数赴随军转运司助献军粮计贰佰伍拾石见有□□□附为照本寺□人上举借钱债籴贸夏秋种□□立下嘉定十四年夏□□□苗目土|地继准上司指挥拘籍忠勇军每名免税子叁石陆斗遂交钱贰佰贯上非泛科率本寺遂顾到边地□□□充应忠勇军捍御敌功缘本寺乏钱科置遂于湫池仓开借籴本钱□□□道置买|军器衣甲口食并逐人老小粮食每名月计物斛叁石盐菜钱贰拾□□□□计钱壹佰贰拾道口□□□□石偿办至今年六月成熟本寺于所拨田上元不曾收到颗粒物斛□□□还纳□□|湫池仓官钱不委有母（毋）丘宣幹前来天水军根括营田于四月初一日差人追呼出头收□拨田因依重遇□□将本寺拨田干照并　省符公据供呈其母（毋）丘宣幹□不批□直至六□初□日差|委赞佐官主簿尉前来于诸庄抄劄租子田地强夺□□□营田给付佃户韩甫史全等管停佃将于来夏租□□□张了当有□秋租子见系马进义播收未曾着落重遇切

见昨□□□元行指挥据实｜負白劄子数内一项止具呈屯田官吏韩甫韩茂□□□□侵欺青葩寺□年官租事元不曾该说麦积寺□□给□拨田土奉钧判□□母□官勘会着落韩甫等四年租□□□其母（毋）丘宣幹却听从｜吏人杨钧魏奂取受韩甫韩茂情嘱便凭逐人分□□□□更不根究欺隐官租一节却于状外枝蔓灭诬□□省及诸监司指挥□□□□□本寺及崇果院等□拨还田□□□强夺作营□有此冤｜屈事情乞详重遇所陈事理乞赐参照朝省及诸司已行拨还指挥仍乞先次行下天水军交拨□□租子付□□□□□□□□□□□□□宣总□□□□□□□□刑朝奉判送军照上司已｜行本军近准宣司揭榜降下五州军营□访闻所委官□□□吏不子□□□细讨究营田来历亦不参对□□官产□□□□□□□□□□□□□明覈□□□□□□□集田户柳令增认租数其间｜或有契据不为执用但要曾租一切不恤委□有□□□□初　奏陈本寺理宜优恤仰人户将营田具照□□交租□□□□□□□□□□□□□□□□□□□□给议施行其执出契据干照昨来｜根括不为理用并仰经州军自陈仍旧照□据官□□□□□业务使边民得安生理照得瑞应寺僧重遇□□□□□□□□□□□□□□□□□□□□□□□□□田土先来准宣总两司拘作屯田｜至嘉定十三年正月间准　朝省指挥符四川□□□□□总领所□者如已经□□契勘□即与照

□□□给还□□□□□□□照会　毋致再有侵扰及□□总两司随军转运司指挥将上件｜田地给拨与瑞应寺管佃讫昨于嘉定十四年六月间准母（毋）丘宣幹□□委主簿尉拘收作□□今准前项提刑司指挥备边在前军司除已告示僧重遇遵从使司揭榜指挥施行外申乞｜钧照并据天水军麦积山瑞应寺□住持赐紫明觉大师重遇状陈作缘□（本）寺自东晋历　本朝并□□赐田地昨来宣抚使司差委母（毋）丘宣幹根括绝本官更不仰体上司本意却将本寺并崇｜果院常住妄行拘占作营田重遇□当□□时欲行陈诉缘冯宣幹以根括为急不恤无辜□□□乞今□□抚制置侍郎镂榜约束许在监司并本州陈乞即与改正重遇上件冤抑有所声诉重遇｜遂赴提刑司陈状准判□□□□司已行并准本军给据付重□（遇）□依使司榜文指挥令重遇仍旧管业□□□田官遂奉具申使司钧照去讫本寺未准管业更合赴使司陈乞给据乞照本军并屯田｜官所申及今来重遇所陈□□□□□事因乞赐指挥给据付田□□□管业并乞行下本军并屯田官□□□行据所申寻具呈状司佥厅拟据僧重遇状诉根括官母（毋）丘宣幹将｜朝廷已给还常住田占充营田□□详重遇状上件田于嘉定十三年内制置大使司括充屯田□□□□朝省陈状符下总领所照祖给还讫去年宣司根括官再拘收作营田缘营田系入｜总领所赡军上件田已先据总领

所受　省符给还去讫今欲牒常平司照总领所已行给还本寺呈奉　□□□□□台判牒使司除已牒利州路提举常平司遵照台判指挥并佥厅拟定事理照总 | □□已□□还本寺及移牒总领所□会并下天水军照应施行外

知委嘉定拾伍年三月二十三日（内有篆书“四川安抚制置使之印”）